国土空间规划原理与技术应用研究
GUOTU KONGJIAN GUIHUA YUANLI YU JISHU
YINGYONG YANJIU

杨 宏 杨 清 尚斌善◎著

图书在版编目（CIP）数据

国土空间规划原理与技术应用研究/杨宏,杨清,尚斌善著.--哈尔滨:哈尔滨地图出版社,2023.12
 ISBN 978-7-5465-2827-4

Ⅰ.①国...Ⅱ.①杨...②杨...③尚...Ⅲ.①国土规划-研究Ⅳ.①TU98

中国国家版本馆CIP数据核字(2023)第188573号

责任编辑：汪　睿
封面设计：郭　婷

出版发行：哈尔滨地图出版社
地　　址：哈尔滨市南岗区测绘路32号
邮　　编：150086
印　　刷：哈尔滨市石桥印务有限公司
开　　本：787 mm×1092 mm　1/16
印　　张：8
字　　数：190 千字
版　　次：2023 年 12 月第 1 版
印　　次：2024 年 4 月第 1 次印刷
印　　数：1-500
定　　价：50.00 元

PREFACE 前 言

国土空间规划是国家空间发展的指南、可持续发展的空间蓝图，是各类开发保护建设活动的基本依据。它承载着对未来美好生活的向往，与国家发展规划一道构成我国顶层规划体系，成为党和政府治国理念及其贯彻落实的主要方式之一。

回溯我国国土空间规划的发展历程，先后经历了"多规并行、交叉重叠"的窘境，到2014年国家发展改革委、国土资源部、环境保护部、住房和城乡建设部为破解"九龙治水、多头共治"的问题开展"多规合一"试点工作，再到如今开始建立国土空间规划体系并监督实施。新时期，深入贯彻理解习近平总书记提出的"规划科学是最大的效益，规划失误是最大的浪费，规划折腾是最大的忌讳"，整合原来各部门规划的编制管理职责，建立融合主体功能区规划、土地利用规划、城乡规划等的国土空间规划则顺理成章。按照《中共中央 国务院关于建立国土空间规划体系并监督实施的若干意见》，编制国土空间规划要求坚持新发展理念，坚持以人民为中心，坚持一切从实际出发，按照高质量发展要求，发挥国土空间规划在国家规划体系中的基础性作用，为国家发展规划落地实施提供空间保障。健全国土空间开发保护制度，体现战略性、提高科学性、强化权威性、加强协调性、注重操作性，实现国土空间开发保护更高质量、更有效率、更加公平、更可持续。

现阶段，虽然国土空间规划体系顶层设计和"四梁八柱"（"五级三类四体系"）基本形成，但组织编制"多规合一"的国土空间规划，在我国尚属首次。规划编制审批、实施监督、法规政策和技术标准"四体系"正处于探索阶段；"五级"中，基层规划尤其是乡镇、村级之间的层级关系尚不明晰；"三类"规划之间编制内容界线亟待厘清，总规与专规之间存在数据壁垒。此外，城乡规划学科和土地规划学科长期分离，统一的国土空间规划学科尚未形成，规划编制队伍隶属不同部门，规划编制技术参差不齐，这些都对规划编制带来巨大的挑战，但同时也带来了空间信息技术革新、交叉学科融合的大好机遇。

本书主要围绕体系框架构建的核心要点及规划内容上的四个要点，即空间格局优化、重要控制线划定、规划传导体系、国土空间用途管制展开；总体规划内容，主要包括省级、市县级、乡镇级规划三个层面，突出强调各级总体规划的定位及对应的规划编制技术要求；详细规划内容，主要包括两个方面：一是城镇地区控制性详细规划改革实践；二是针对乡村地区的规划编制，介绍了开展乡村规划编制的一般要求及国土空间规划体系背景下村庄规划作为详细规划层面法定规划，它的编制要求和内容特点。

与以往城乡规划编制相比，本轮国土空间规划的突出特点在于特别强调国土空间基础信息平台在规划全过程的重要作用，这一点也是规划"管用、好用"的根本保障。在这里，以天、空、地一体的测绘遥感地理信息技术将发挥至关重要的作用。无论在基础数据采集及规划底数底图制作阶段、资源环境承载力和国土开发适宜性评价及其他规划基础分析阶段、全国国土空间规划"一张图"方案编制阶段，还是在规划传导、实施监管阶段和规划监测评价及考核阶段，地理信息技术均将贯穿其中。在规划走向智慧规划的今天，借助人工智能技术来改进地理信息技术的智能性，基于地理空间的智能感知、智能认知与智能决策为代表的地理空间智能必将在国土空间规划中大放异彩，值得广大国土空间规划编制从业者和政府规划管理人员深入探索、学习。

作　者
2023 年 9 月

CONTENTS 目 录

第一章 国土空间规划理论概要研究 ········· 1
    第一节 国土空间规划概念内涵 ········· 1
    第二节 国土空间规划体系构建 ········· 6

第二章 国土空间规划技术体系研究 ········· 12
    第一节 国土空间规划技术路径试点分析 ········· 12
    第二节 国土空间规划技术路径确立 ········· 18
    第三节 国土空间规划技术体系内容 ········· 25

第三章 国土空间规划用地分类标准研究 ········· 40
    第一节 研究综述 ········· 40
    第二节 "两规"用地标准解析 ········· 41
    第三节 "两规"用地分类标准差异分析 ········· 46
    第四节 统一国土空间规划用地分类标准的思路 ········· 50
    第五节 国土空间规划用地标准的建立 ········· 54

第四章 国土空间规划开发强度测算方法研究 ········· 72
    第一节 研究综述 ········· 72
    第二节 理论基础 ········· 74
    第三节 建设用地节约集约利用评价 ········· 76
    第四节 建设空间规模预测 ········· 91
    第五节 国土开发强度测算 ········· 109

参考文献 ········· 112

第一章 国土空间规划理论概要研究

第一节 国土空间规划概念内涵

在整个国民经济和社会发展的各类规划体系中，国土空间规划具有基础性作用，缺少空间和土地作为保障，任何美好的规划愿景和宏伟蓝图设计都无法落地。但是，长期以来规划不衔接、不统一等问题突出，导致我国出现一些空间管理混乱、空间开发无序、生态环境恶化、环境污染加重等问题，强化国土空间管控，促进"多规合一"，已经成为促进人与自然和谐发展的必要举措。厘清规划发展关系，明确相关概念范畴是解决该类问题的必要过程。

一、国土空间规划提出

（一）现实要求

1. 规划种类繁杂

据不完全统计，我国经法律授权编制的规划至少有80多种，国务院有关部门编制的行业规划有150多个，省、市、县三级地方政府编制的规划纲要、重点专业规划等达7 300多个。同时，各类规划不断完善和强化自身体系建设。五年规划按级别分为国家级、省级、市级、县级和乡镇级；城乡规划按功能类别分为城镇体系规划、城市规划、镇规划、乡规划和村庄规划，其中城市规划、镇规划分为总体规划和详细规划，详细规划又分为控制性详细规划和修建性详细规划；村庄规划分为总体规划和建设规划。土地利用规划按功能类别分为总体规划、专项规划、详细规划，土地利用总体规划分为国家、省、市、县、乡镇五级。环境保护规划体系正在探索并逐步充实，除环境保护五年规划外，正推进生态功能区划和生态保护红线划定，探索开展环境功能区划、城市环境总体规划编制等。主体功能区规划分为国家和省级规划，是国土空间开发的战略性、基础性和约束性规划。该规划是非法定性规划，因此规划地位虽高，但是强制性和权威性不足，除生态保护规划外，其他规划并未与之紧密衔接。

2. 规划管理各自为政

首先，规划权力分置有利于形成协调统一的规划体系，但各部门围绕各自的空间管理职责自成一体，形成了类型繁多、相互交织的空间规划体系，且在规划运行管理中各自为政，导致规出多门且难以协调，出现"就城市论城市""就土地谈土地"问题。其次，上级规划应侧重战略性、政策性，下级规划应侧重操作性、适应性，但我国现行规划体系存在上级规划战略性、政策性不足以及下级规划简单模仿上级规划导致操作性、适应性不强等问题。因此，我国现行规划体系整体发展不均衡，规划层级日趋增多，规划职能与政府事权未完全对应，规划实施及监督机制有待健全，影响了国家空间政策的统一性和有效性。

3. 规划内容重叠冲突

当前规划体系下，部门事权界限不清，层级关系模糊是制约空间规划改革的源头和难点问题。各个管理职能部门自成体系，均有组织编制和发布实施规划的相应职责，且各有各的法律依据、技术路径、标准体系和审批管理机制，造成各类规划之间内容冲突、边界重叠或空白。同时规划作为各部门行政权力的载体之一，编制内容和管理也涉及各自部门管理，从而导致了严重的规划不衔接、不统一等问题，甚至许多规划存在着明显的矛盾和冲突。例如陆海分界线的标准长期没有得到统一，林地和草地的划分技术规范和标准长期以来也没有完全统一。

4. 技术变革助推规划变革

新时期，计算机技术不断革新，改变了数据获取、整理、分析等的方法，驱使规划发展进入智能化阶段。依托遥感（RS）、全球定位系统（GPS）、地理信息系统（GIS）等信息化技术，自然资源本底数据采集可以实现全域化；依托人工智能、大数据、城市信息模型等不断成熟的技术，将促进规划编制智慧化、规划实施合理化和规划管控科学化。新时代、新技术背景下，建设国家规划综合管理信息平台是系统破解规划事业发展局限的有效方法，将推动规划基础信息互联互通和归集共享、各类规划统一管理和协调衔接，以及规划实施进程跟踪监测和有效管控。技术革命将助推规划事业，实现高质量、跨越式发展。

（二）政策要求

1. 践行生态文明要求

党的十八大以来，党中央按照"五位一体"总体布局全面深化改革，强化顶层设计和整体谋划，统筹推进各领域改革。2013年十八届三中全会通过的《中共中央关于全面深化改革若干重大问题的决定》提出全面深化改革的总目标是完善和发展中国特色社会主义制度，推进国家治理体系和治理能力现代化。在生态文明建设专题中，首次提出建立空间规划体系，划定生产、生活、生态空间开发管制界限，落实用途管制的要求，提出要围绕建设美丽中国深化生态文明体制改革，健全国土空间开发、资源节约利用、生态环境保护的体制机制，推动形成人与自然和谐发展现代化建设新格局。站在生态文明体制改革的视角看，空间规划体系改革要将生态文明理念融入国土空间规划各方面和全过程，围绕国土空间开发和保护，构建空间规划体系。从党的十八届三中全会通过《关于全面深化改革若干重大问题的决定》以来，到全面建设小康社会、全面深化改革、全面依法治国、全面从严治党，我国经济社会发展进入了新常态、新阶段，对发展和管理方式提出了新要求，深化推进规划体制改革，建立空间规划新体系，推动规划体系及管理方式创新，确保国土空间规划权威性、严肃性、连续性已成为我国规划领域的迫切任务。

2. 空间规划的体制改革要求

从2012年以来，习近平总书记多次明确要求"政贵有恒"，确保"一张蓝图干到底"。随后，以主体功能区为基础，统筹各类空间性规划，推动"多规合一"成为我国确立的一项重大改革事项和重要战略部署。十八届中央全面深化改革领导小组（以下简称"十八届中央深改组"）共计召开38次会议，其中有10余次直接或间接涉及空间体制改革问题。同时，国家先后在城镇化工作会议、生态文明体制建设等一系列会议及文件中20多次提出有关推进空间规划，推进"多规合一"，其核心就是要按照一本规划、一张蓝图要求，真正建立国土空间规划体系。2018年3月，中共中央印发《深化党和国家机构改革方案》，组建自然资源部，将分散在发改部门、住建部门、国土部门的空间规划事权进行了有效整合，为国土空间规划提供了组织保障。

3. 城乡区域空间的统筹协调

在我国城市化进程快速推进的大潮流中，历史一次次见证了我国发展的奇迹，我国的城市化被誉为21世纪对世界影响最深的两大事件之一，但城镇化进程同时也拉大了城乡区域发展差异，使得社会要素在空间配比上严重失衡。因此，亟待进一步深化区域空间协同、资源共享的全局发展思路，并提高空间开发时序与空间结构的适应性。同时，在理论层面，国际经验表明，城镇化率在30%~70%是城镇化发展最快的阶段，在50%左右是城镇化速度的峰值点。据此，可以把城镇化快速发展时期再细分为两个阶段：30%~50%为快速发展前期阶段，表现为快速加速增长态势；50%~70%为快速发展后期阶段，表现为快速减速增长态势。对比主要发达国家的空间规划发展轨迹，通常城镇化水平达到30%的时候，会出现城市问题，城市规划会相应产生，而当城镇化水平达到50%时，会出现城乡或区域的空间协调、经济发展与环境保护的矛盾等问题，国土空间规划作为促进可持续发展的重要工具被政府所采用。我国在2016年的城镇化率已达到57.35%，到2020年，我国城镇化率超过60%，城乡区域空间协调的矛盾将更加突出，而国土空间规划将是解决这一问题的重要抓手。

4. 各试点地区成功经验的全国性部署和推广

试点是改革的重要内容和重要方法，能发挥试点探路、摸索经验的重要作用。自从我国28个市县"多规合一"试点以及9个省的省级空间规划试点实施以来，部分试点地区经过探索创新和实践，形成了一批可复制可推广的经验成果，创造了一批典型案例。以宁夏、浙江省衢州市开化县、广西、上海、福建省厦门市、广东等地区为代表的省、市、县的试点经验，形成了一本规划、一套技术标准、一张蓝图、一个平台、一套规划机制的试点成果体系，为我国国土空间规划改革提供了有价值的借鉴和示范作用，同时也有利于充分暴露规划落实矛盾问题和试点难点，为进一步开展国土空间规划改革、梳理空间规划体系奠定坚实的实践基础。

5. 国土空间规划正式确立

2019年5月，《中共中央 国务院关于建立国土空间规划体系并监督实施的若干意见》（中发〔2019〕18号）正式印发，明确将主体功能区规划、土地利用规划、城乡规划合一为国土空间规划，并按照"五级三类四体系"的要求建立国土空间规划体系。意味着国土空间规划不是多规协调、多规融合，而是要"多规合一"。

二、国土空间规划相关概念及理论方位

(一) 相关概念

1. 国土空间

人们对空间的探讨由来已久，物的出现或存在必定与空间和时间有关。从西方的空间学科如（人文）地理学、城市学到我国空间研究的城乡规划、地理学、建筑学领域等，不同学科范畴对空间的定义与理解各有侧重。古希腊时期，哲学家将空间作为一个重要议题讨论，在哲学范畴中，空间指的是与时间相对应的一种物质运动的客观存在形式，存在于意识之外，不依赖于意识而存在。《现代汉语词典》中将"空间"解释为："物质存在的一种客观形式，由长度、宽度、高度表现出来"。空间是地理学的核心概念之一，二战以后，西方地理学中空间概念的意蕴发生了几次本质性的改变，其中，20 世纪 70 年代兴起的"空间的生产"理论，不但对（人文）地理学产生了深远影响，而且也流行于社会学、政治学、文学艺术、建筑学和城市规划等领域。马克思主义认为，人类生存发展的基本空间，尤其就现代地域和环境空间而言，存在着三大空间（或三个基本维度）：即"物理-地理空间""社会-经济空间"和"心理-文化空间"。

本书所指空间，特指"国土空间"，国土空间是国家主权与主权权利管辖下的地域空间，是国民生存的场所和环境，包括陆地、陆上水域、内水、领海、领空等。从空间可提供产品的类别来分类，国土空间可以分为城镇空间、农业空间、生态空间和其他空间四类。

城镇空间：以提供工业品和服务产品为主体，包括城镇建设空间和工矿建设空间。城镇建设空间的特点是人口多，居住集中，开发强度较高，产业结构以工业和服务业为主；工矿建设空间则是独立于城镇建成区之外的独立工矿区。

农业空间：以提供农产品为主体功能，主要包括农业生产空间和农村生活空间。农业生产空间以耕地为主，以园地和其他农用地等为辅；农村生活空间以农村居民点为主，以农村公共设施和公共服务用地为辅。相对于城市空间，农业空间的人口较少，居住分散，开发强度较少，产业结构以农业为主。

生态空间：以提供生态产品或生态服务为主体功能的空间。根据可提供生态产品的多寡又可将生态空间分为绿色生态空间和其他生态空间。绿色生态空间主要是指天然草地、林地、水面、湿地、内海，其中有少量是人工建设的如人工林、水库等。其他生态空间主要是指沙地、裸地、盐碱地等自然存在的自然空间。相对农业空间，生态空间人口稀少，开发强度很小，经济规模很小。

其他空间：指除以上三类空间以外的其他国土空间，包括交通设施空间、水利设施空间、特殊用地空间。交通设施空间包括铁路、公路、民用机场、港口码头、管道运输等占用的空间。水利设施空间即水利工程建设占用的空间。特殊用地空间包括居民点以外的国防、宗教等占用的空间等。

2. 空间规划

在 20 世纪 80 年代之前，"空间规划"并不是一个专用的名词概念，其一般含义泛指

与物质形体空间相关的规划设计，如外部空间规划设计、城市空间规划设计、城市开敞空间规划设计等。从这个意义上讲，空间规划主要是城市设计的内涵。空间规划作为一个特定含义的专用概念和名词正式出现是在20世纪80年代。

在我国规划界，"空间规划"是一个舶来的专业术语，但是在其概念的界定上，既没有采用"城市和区域规划"的统称，也没有强调它对各类具有空间影响的政策的"协调作用"，而是赋予了新的定义。

我国在《生态文明体制改革总体方案》中指出，空间规划是国家空间发展的指南、可持续发展的空间蓝图，是各类开发建设活动的基本依据。我国空间规划的对象是国土空间，具有唯一性。从具体内容上来说，是对城镇、农业和生态布局进行统筹优化，对土地、水体、林木、矿产、能源、生物等空间资源进行合理安排的战略手段，也可以理解为对国土空间格局的综合优化。从性质上来说，空间规划是政府部门的一种公共政策，是政府实施空间治理的手段和方法，通过健全空间规划运行体系、行政体系以及法规体系等，达到简政放权、实施空间管控的目的。因此，可以说我国的空间规划，应当是在管理体制改革基础上对相关部门规划进行衔接、协同和整合所构建出的体系。

3. 国土空间规划体系

从国际规划领域的使用方式看，国土空间规划体系是一系列规划管理工具的总称，不是一个具体的类型，更不是一个具体的同城乡规划并列的新类型。国土空间规划体系是以国土空间资源的合理保护和有效利用为核心，以空间资源（土地、海洋、生态等）保护、空间要素统筹、空间结构优化、空间效率提升、空间权利公平等方面为突破，探索"多规合一"模式下的规划编制、实施、管理与监督机制。空间规划体系也是厘清各层级政府的空间管理事权，打破部门藩篱和整合各部门空间责权，从社会经济协调、国土资源合理开发利用、生态环境保护有效监管、新型城镇化有序推进、跨区域重大设施统筹、规划管理制度建设等方面着手建立的空间规划。因此，国土空间规划体系具体包括法规政策体系、编制审批体系、实施监督体系和技术标准体系，分别构成规划编制与实施的依据、载体和内容。

结合现存规划、政府文件和学术研究中对空间规划和空间规划体系的描述，国土空间规划的内涵可归结为：为满足经济社会总体发展要求，适应重要战略机遇期特点，国土空间规划体系聚焦于空间治理和空间结构优化，在延续原有各空间规划核心要素及其管控要求的基础上，建立形成全域覆盖、层级分明、事权清晰、协调管控的规划体系，为落实国家发展规划中确定的重大战略任务提供空间保障，对其他规划提出的基础设施、城镇建设、资源能源、生态环保等开发保护活动提供约束和指导，推进国家国土空间用途管制。

（二）理论方位

1. 政策方位

国土空间规划在统筹"五位一体"总体布局，贯彻落实十八届三中全会关于深化生态文明体制改革，坚定不移实施主体功能区制度和战略，建立生态文明制度体系，实现生态文明领域国家治理体系和治理能力现代化，推进国家治理体系和治理能力现代化进程中，是"四梁八柱"的重要支柱和重要承载与基础。

2. 理论路线

围绕完善和落实主体功能区战略、建立国土空间规划体系和健全国土用途保护制度的核心任务，以优化国土空间、提升空间治理能力和效率为工作目标，推进生态文明建设和美丽中国建设工作。将国土空间规划理论路线叙述为：

第一，注重控制线落地。以主体功能区为基础，依托双评价，划定"三区三线"，实现主体功能区在市县精准落地。

第二，建立国土空间规划体系。通过构建全国一张图实现全国统一；通过规划期限统一、基础数据统一、指标目标统一、用地分类统一、空间分区统一"五个统一"实现相互衔接；通过国家、省、市、县、乡镇五级管理实现分级管理；最终建立健全全国统一、相互衔接、分级管理的空间规划体系。

第三，强化空间用途管制。按照统一用地分类标准，通过开发强度管控、建设用地总量约束，确保用地性质一致、土地权属唯一，达到空间用途的有效管控。

第四，提升空间治理能力和效率。通过法规标准建立，空间规划信息平台建设及体制机制创新等，实现空间治理能力现代化。

第二节 国土空间规划体系构建

一、规划体系构建

2018年11月，《中共中央国务院关于统一规划体系更好发挥国家发展规划战略导向作用的意见》（中发〔2018〕44号，以下简称《意见》）发布。该《意见》要求，坚持以人民为中心的发展思想，牢固树立新发展理念，落实高质量发展要求，理顺规划关系，统一规划体系，完善规划管理，提高规划质量，强化政策协同，健全实施机制，加快建立制度健全、科学规范、运行有效的规划体制，更好发挥国家发展规划的战略导向作用，为创新和完善宏观调控、推进国家治理体系和治理能力现代化、建设社会主义现代化强国提供有力支撑。

（一）理顺规划关系

立足新形势新任务新要求，明确各类规划功能定位，理顺国家发展规划和国家级专项规划、区域规划、空间规划的相互关系，避免交叉重复和矛盾冲突。建立以发展规划为统领，以空间规划为基础，以专项规划和区域规划为支撑，由国家、省、市、县各级规划共同组成，定位准确、边界清晰、功能互补、统一衔接的国家规划体系。

国家发展规划，即中华人民共和国国民经济和社会发展五年规划纲要，是社会主义现代化战略在规划期内的阶段性部署和安排，主要是阐明国家战略意图、明确政府工作重点、引导规范市场主体行为，是经济社会发展的宏伟蓝图，是全国各族人民共同的行动纲领,是政府履行经济调节、市场监管、社会管理、公共服务、生态环境保护职能的重要依据。国家级专项规划是指导特定领域发展、布局重大工程项目、合理配置公共资源、引导社会资本投向、制定相关政策的重要依据。国家级区域规划是指导特定区域发展和制定相关政策的重要依据。国家级空间规划以空间治理和空间结构优化为主要内容,是实施国土空间用途管制和生态保护修复的重要依据。国家发展规划居于规划体系最上位,是其他各级各类规划的总遵循。国家级专项规划、区域规划、空间规划,均须依据国家发展规划编制。

(二) 强化空间规划的基础作用

国家级空间规划要聚焦空间开发强度管控和主要控制线落地,全面摸清并分析国土空间本底条件,划定城镇、农业、生态空间以及生态保护红线、永久基本农田、城镇开发边界,以此为载体统筹协调各类空间管控手段,整合形成"多规合一"的空间规划,并对国家级专项规划空间指导和约束。

强化国家级空间规划在空间开发保护方面的基础和平台功能,为国家发展规划确定的重大战略任务落地实施提供空间保障,对其他规划提出的基础设施、城镇建设、资源能源、生态环保等开发保护活动提供指导和约束。

二、国土空间规划体系构建

(一) 国土空间规划体系构建任务要求

2015年,中共中央国务院印发的《生态文明体制改革总体方案》提出,构建以优化空间治理和空间结构优化为主要内容,形成全国统一、相互衔接、分级管理的空间规划体系,着力解决空间性规划重叠冲突、部门职责交叉重复、地方规划朝令夕改等问题。同时,整合目前各部门分头编制的各类空间性规划,编制统一的空间规划,实现规划全覆盖。全国统一,就是要进行空间规划全覆盖,形成全国一张图,主要路径就是按照党的十九大报告提出的完成全国三线划定,以主导功能定位划定规划分区,注重开发强度管控和控制线精准落地,进行用途管控。相互衔接,就是要进行横向和纵向的衔接,核心是技术数据的衔接,达到规划期限、目标指标、坐标格式、用地分类、规划分区、边界规模等的衔接协调,真正实现"多规合一"。分级管理,就是按照国家、省、市、县、乡镇级管理体系,明确各级管理职责、权限、法律地位,达到依法有据、科学有效的空间管理。

从我国空间规划体系构建的任务要求可以看出,空间规划首先是要在手段方式上实现多类空间性规划合一,编制一本规划,而不是加一,其次是按"全国统一、相互衔接、分级管理"要求,在技术上实现基础数据和技术路线相互衔接,在管理上实现分级管理,全国统一一张蓝图管理。

(二) 国土空间规划的技术实践

在市县"多规合一"试点基础上,围绕《省级空间规划试点方案》技术路线要求,我们通过试点实践并深入研究形成了"四阶段、十二步骤"的空间规划技术体系。其中,第一阶段是布底图：收集并对各类规划空间数据进行整理，绘制数字工作底图、开展专题研究和规划评估，形成空间用地底数底图；第二阶段是落用途：在形成空间规划底图基础上，研究空间战略，构建空间格局，合理配置空间要素，建立空间管控体系，完成《国土空间总体规划》编制；第三阶段是严管控：在空间规划成果的基础上，对成果进行数据标准化处理，建立国土空间基础数据库，搭建空间基础信息平台；第四阶段是强保障：研究国土空间规划相关的技术规范和国土空间法律法规，推进国土空间规划在国土空间开发保护中更好地发挥引领和管控作用。

从我国空间规划的技术实践可以看出，依据以上技术路线和具体技术路径完成编制的空间规划，进行了规划期限、用地分类、基础数据、分区管控、规划目标指标统一，解决了空间规划的差异矛盾，从技术上完全实现了空间性一本规划、一张蓝图管控，为构建"全国统一、相互衔接、分级管理"的空间规划体系提供了成熟的技术支撑。

（三）国土空间管理体制及机构改革要求

2018年3月，中央印发《深化党和国家机构改革方案》，将分散在发展改革部门、住建部门、国土部门的空间规划事权进行了有效整合，组建自然资源部，统一行使全民所有自然资源资产管理，统一行使所有国土空间用途管制和生态保护修复，统一行使所有自然资源的调查和确权登记，对自然资源开发利用和保护进行监管，建立空间规划体系并监督实施。整合各部门各类空间规划职责，将彻底解决空间规划"九龙治水"的管理局面，以自然资源管理部门为主的国土空间规划的新管理体制将全面建立，为国土空间规划提供组织保障。

从我国机构改革方案可以看出，我国自然资源及国土空间将由多个部门共治转变为一个部门统一管理，形成调查、登记、确权、规划、管理、考核、监管的制度管理体系，各类空间规划编制必然进行整合优化，化繁为简、规划合一、管制统一。

（四）国土空间规划体系建立

1. 坚持原则

一是规范技术、统一标准。要构建全国统一且相互衔接的空间规划体系，必须规范技术，统一标准，构建完整的规划编制审批、实施监管、法规政策和技术标准体系，进一步细化统一各项办法和技术规程。近年的"多规合一"和空间规划试点所形成的技术路径为规范统一技术标准奠定了良好的基础。

二是对应事权、分级管理。遵照我国现行行政体系和机构改革要求，对应各级政府事权，充分发挥国家统管作用和各级政府的主体功能，按照国家、省、市（地州）、县（区）、乡镇分级管理体系，围绕一本规划、一张蓝图，明确各级管理职责，最终形成规划编制、实施、修改、评估、监督的管理体系，进行科学有效的国土空间管控。

三是区别功能、明确分类。一个国土空间不可能一个规划纵向管到底，一个规划不可能解决所有管控要素和管控问题。因此在中央明确的"三级四类"规划体系中，进一步明确细化空间规划的分类和职能，充分吸收原城乡规划、土地利用规划的规划分类办法，将国土空间规划分为总体规划、专项规划和详细规划，分层分类，分功能职能实施国土空间用途管控。

2. 体系框架

围绕国土空间规划体系（法规政策体系、编制审批体系、实施监督体系和技术标准体系）建设总体目标，结合试点总结、政策要求，按照以上原则，在侧重编审、管理和技术体系上应分级分类建立国土空间规划体系框架。

分级编制国土空间规划。与我国现行行政管理体系相对应，编制国家、省、市、县（区）、乡镇级国土空间规划，对应事权实施分级管理。全国国土空间总体规划，是对全国国土空间格局做出的全局安排，是全国国土空间保护、开发、利用、修复、治理等政策和总纲，侧重战略性；省级国土空间总体规划是对全国国土空间规划的落实，侧重协调性；市县和乡镇国土空间规划是本级政府对上级国土空间规划要求的细化落实和具体安排，兼顾管控与引导，侧重实施性。

划分三类国土空间规划。国土空间总体规划，是综合性、基础性和约束性的规划，是国土空间所有要素空间布局规划的统筹；专项规划是在特定区域、流域或特定行业，体现特定功能涉及空间的专门安排，是国土空间总体规划的重要分项支撑和必要组成部分，各级管理部门可以根据本区域国土现状及实际需要开展专项规划；详细规划是在总体规划指导约束下，根据国土空间局部保护、开发、利用需要，而开展的项目详细落实。通过总体规划统筹、专项规划支撑、详细规划落实，既可以兼顾现有相关国土空间规划的基本体系，也可以完全达到各级政府履行空间管理职责的具体要求。

其中，国土空间规划体系中的总体规划包含了主体功能区规划、城乡总体规划、国土及土地利用规划，也就意味着这几项主要空间类规划取消编制，合为国土空间总体规划。专项规划应根据国土空间的管理要求、具体支撑等进行编制，可分为行政辖区的交通体系专项规划、基础设施专项规划、生态环境保护专项规划、城镇体系专项规划；建设区域的人口与城乡建设用地专项规划、公共服务设施专项规划、市政设施专项规划、绿地系统专项规划、历史文化名城保护规划、地下空间利用专项规划、综合防灾减灾专项规划等。土地保护利用的如基本农田保护规划、土地整理规划、土地复垦规划、土地开发规划、土地储备规划等。详细规划在国土空间总体规划的约束下，分为城镇开发边界内外，城镇开发边界内编制控制性详细规划和修建性详细规划，城镇开发边界外的可根据开发建设需要进行局部细化落实编制详细规划，针对乡村地区，应编制修建性详细规划，深度满足建设规划要求的村庄规划。

3. 用途管制

以国土空间规划为依据，对所有国土空间按照"空间用途和地类用途两层"统一实施用途管制。在城镇开发边界内的建设，实行"详细规划+规划许可"的管制方式；在城镇开发边界外的建设，按照主导用途分区，实行"详细规划+规划许可"或"约束指标+分区准入"的管制方式，严格保护生态保护红线和永久基本农田，对特定区域实行特殊保护制度。

三、国土空间规划功能作用

以国家发展规划为统领，空间规划为基础，专项规划和区域规划为支撑的国家规划体系建立，准确定性了各类规划的职能性质和功能作用。为进一步理解国土空间规划基础作用，需从以下几点入手：

（一）思想上：贯彻落实国家发展战略导向

国土空间规划要以新思想为指导，落实发展新理念，着力落实践行新时代生态文明思想，重点在"五位一体"总体布局中生态文明建设领域发挥关键作用。五年发展规划纲要是社会主义现代化战略在规划期内的阶段性部署和安排，主要阐明国家战略意图，是经济和社会发展的宏伟蓝图；国土空间规划要以发展规划为统领，服务落实国家战略导向，重点在国土空间治理和国土空间结构优化方面发挥主导作用，为落实新理念新思路和国家新发展战略提供空间保障。

（二）战略上：坚持实施主体功能区战略和制度

从党中央和国务院要求及基于我国国情的区域发展实践证明，推进主体功能区建设是我国经济社会发展和生态环境保护的大战略，实施主体功能区制度是我国空间治理的重大创举，国土空间规划要始终坚持实施主体功能区战略和制度，发挥好主体功能区的空间宏观管控重要导向功能。同时以主体功能区规划为基础，实现空间类规划"多规合一"，推动主体功能区战略格局在市县层面精准落地，形成不同主体功能区差异化协同发展长效机制。

（三）目标上：努力实现建设美丽中国

落实新时代生态文明思想，建设美丽中国是"两个一百年"奋斗目标的重要组成部分。通过加快构建生态文明体系，确保到2035年，生态环境质量实现根本好转，美丽中国目标基本实现。到21世纪中叶，物质文明、政治文明、精神文明、社会文明、生态文明全面提升，绿色发展方式和生活方式全面形成，人与自然和谐共生，生态环境领域国家治理体系和治理能力现代化全面实现，建成美丽中国。国土空间规划要紧紧围绕生态文明建设两步走目标，聚焦建设美丽空间体现空间科学有效管控，在建成美丽中国奋斗目标中发挥重要作用，为实现"两个一百年"奋斗目标提供良好空间秩序和美丽空间保障。

（四）重点上：指导约束国土空间开发保护

坚持"底线约束、绿色发展、全域覆盖、全要素管控"基本原则，优先划定不能开发建设的范围，严守生态安全底线、国土安全底线、粮食安全底线等，推动形成绿色发展方式和生活方式。全面摸清国土空间本底条件，开展资源环境承载能力评价和国土开发适宜性评价，陆海统筹、区域协同、上下联动，科学划定生态保护红线、永久基本农田和城镇开发边界，依据主体功能定位科学划定国土空间规划分区，并进一步落实空间要素管控底线，形成"主体功能区+管控底线"的空间管控形式。空间规划的重点及核心就是实现对国土空间的科学有效管控，并为国土空间开发保护活动、部门发展和专项规划等提供空间指导和约束。

（五）手段上：实施国土空间用途管制和强度管控

实施国土空间用途管制和强度管控是建立并完善国土空间开发保护制度的主要手段，是有效解决因无序开发、过度开发、分散开发导致的优质耕地、生态空间占用过多、生态破坏、环境污染等问题的主要方法。空间规划就是要在主体功能区确立并精准落地、三线及各种控制线划定的基础上，强化并将用途管制扩大到所有空间，通过空间用途管制和地类用途分层管制，确保各类空间用地性质、功能和用途不改变。同时合理确定各类空间规模边界、开发强度，实施总量和强度双管控。

（六）技术上：提升国土空间治理能力

落实空间开发保护要求，坚持科技支撑，充分运用现代信息网络、大数据云平台、天地一体监测、遥感卫星、智能智慧等技术，着力构建网格化管理、信息化支撑的空间信息及各类动态监测服务平台，发挥国土空间规划在空间开发保护方面的基础和平台功能，形成技术先进、手段先进的治理体系。以国土空间基础信息平台为基础，同步搭建国土空间规划"一张图"实施监督信息系统，确保"发展目标、用地指标、空间坐标"一致，形成国土空间规划管理"一张图"，建立市县总体规划编制、审批、实施、监督、评估、预警新方法、新模式。最终以现代信息技术提升空间治理能力和效率，基本实现国土空间治理能力现代化。

（七）制度上：建立国土空间开发保护制度

《中共中央国务院关于加快推进生态文明建设的意见》提出以健全生态文明制度体系为重点，优化国土空间开发格局，开创社会主义生态文明新时代。生态文明体制改革总体方案，明确要通过建立生态文明八项制度，形成制度体系，推进生态文明领域国家治理体系和治理能力现代化。其中，以空间规划为基础，落实国土空间用途管制制度，建立健全空间规划体系、完善国土空间开发保护制度是生态文明八项制度的重要内容。目前，制定"国土空间开发保护法"已纳入十三届全国人大常委会立法规划，同时，以生态文明八项制度体系为重点，加强国土空间规划法及相关法规重构，形成依法有据的治理制度框架，使得空间规划的管控底线、技术、手段通过国土空间开发保护制度予以依法确立和保障，并确保顺利实施。

总之，通过"多规合一"的国土空间规划，达到优化国土空间，提升空间治理能力，建立健全国土空间保护制度、推进生态文明建设，助推建设美丽中国，为实现"两个一百年"奋斗目标提供良好空间秩序和美丽空间保障。因此，空间规划在落实国家战略意图，坚持实施主体功能区战略和制度方面发挥着空间保障和平台功能的基础性作用，在生态文明建设领域发挥着关键作用，进一步在国土开发保护方面起着战略指引、刚性控制的指导约束作用。

第二章 国土空间规划技术体系研究

第一节 国土空间规划技术路径试点分析

从市县"多规合一"到省级空间规划，我国经过了较长的空间规划探索阶段，各个阶段在当时背景下，针对面临的实际问题，均形成了一定的经验模式。本章重点分析2014年市县级"多规合一"试点和2016年年底的省级空间规划试点的成果，总结试点地区经验教训与技术路径。

一、"多规合一"试点技术路径

2014年8月，国家发展改革委、国土部、环保部、住建部四部委联合下发《关于开展市县"多规合一"试点工作的通知》，明确了开展试点的主要任务及措施，并提出在全国28个市县开展"多规合一"试点。各试点市县重点通过试点工作，探索经济社会发展规划、城乡规划、土地利用规划、生态环境保护规划等规划"多规合一"的具体思路，研究提出可复制、可推广的试点方案，形成一个市县"一本规划、一张蓝图"，同时探索完善市县空间规划体系，建立相关衔接机制。

（一）技术路径

1. 理念思路

当时开展市县"多规合一"试点的理念认识和出发点更多的是侧重解决市县规划自成体系、内容冲突、缺乏衔接等突出问题，保障市县规划有效实施；强化政府空间管控能力，实现国土空间集约、高效、可持续利用；改革政府规划体制，建立统一衔接、功能互补、相互协调的空间规划体系，最终实现"一张蓝图"干到底。

2. 技术路线

经统计，因各地具体情况不同，主导"多规合一"的部门不同，工作思路不同，在同样的目标和理念下，28个"多规合一"市县试点技术路径各有差异。但总体上"多规合一"的技术路径可以概括为：

第一，梳理规划，摸清差异。全面分析现有城乡规划、土地利用总体规划、国民经济和社会发展规划、环境保护规划等各类规划之间差异，找出差异原因，同时会同各部门制定规划差异协调处理办法，进行矛盾处理。

第二，战略研究，明确目标。分析区域发展现状，研究全域发展定位，发展战略，明确发展目标。

第三，划定边界，形成蓝图。划定生态保护红线、永久基本农田、建设用地规模控制线、基础设施廊道控制线、文物古迹保护线等，形成了全域覆盖的"一张蓝图"。

第四，搭建平台，智慧管理。搭建一个信息管理平台，进行规划管理、用地报批、项目审批等，实现智慧管理。

3. 具体路径

"多规合一"具体路径主要分为以下几个方面：

第一步：进行前期准备

明确工作思路、确定工作目标和计划，制定编制方案，以国土、发改、住建、环保、林业等部门为重点，进行全面调研和资料收集，通过部门访谈、现场踏勘等方式，全面了解市县基本情况及部门管理情况。

第二步：统一数据标准

针对多规差异的主要特征，统一规划数据标准、编制年限、目标指标、基础参数等，形成各类控制线划定标准，制定差异准则，明确市县"多规合一"的技术要求和标准。

第三步：进行多规差异分析

全面分析对比各级各类规划，找出经济社会发展、土地利用、城乡建设、环境保护、林业发展等规划在发展定位、规划目标、用地规模、空间布局、空间管控等方面的异同，分析造成差异的原因，并制定差异协调处理办法。

第四步：开展专题研究

开展现行规划对比分析、生态保护红线划定、人口与建设用地规模、经济社会发展总体思路、产业发展布局、基础设施廊道建设、文化旅游、生态环境保护等专题研究。

第五步：进行控制线划定

落实生态用地布局，划定生态保护红线；落实耕地和基本农田保护布局，划定永久基本农田保护线；落实城市用地规模布局，划定城镇建设控制边界和开发边界；落实产业用地布局，划定产业开发边界；落实基础设施布局，形成统一的区域基础设施布局体系；落实文物遗迹，划定文物保护线等。

第六步：绘制"一张蓝图"

研究统一的用地分类标准，建立统一的规划用地分类体系，将城乡规划、土地利用规划、环境保护规划、林业规划、水利规划、电力规划等"多规"所涉及用地边界、性质等融合到统一的图上，结合城乡规划、土地利用规划等规划差异协调处理结果，最终确定市（县）域土地唯一的用地属性，形成"一张蓝图"。

第七步：编制一本规划

编制覆盖全域的国土空间发展战略规划，明确国土空间总体格局、经济社会发展战略、城镇化布局、范围及边界、产业发展空间布局及基础设施布局等，并提出保障规划顺利实施的配套措施。

第八步：搭建信息管理平台

以"多规合一"数据库为基础，系统整合分层次、各行业规划和基础地理信息，账目审批信息、用地现状信息等，形成具备动态更新机制、共享共用的"多规合一"业务平台。

（二）"多规合一"成果

通过分析，各试点市县在"多规合一"探索过程中既有共识，又有差异化内容。

1. 差异情况

由于缺乏国家统一的技术导则约束，各试点市县"多规合一"成果内容各不相同，但各试点市县以自身情况为依据，均形成了具有地方特色的成果内容。如开化县形成了"一套规划体系（1+3+X）、一张空间布局蓝图、一套基础数据、一套技术标准、一个规划信息管理平台、一套规划管理机制"的成果体系；榆林市形成了"一本规划、一张图纸、一个平台、一套机制"的成果体系；厦门市则形成"一张蓝图、一个信息平台、一张表格、一套运行机制"的"四个一"成果体系等。

2. 共识方面

一是各试点市县依据自身情况形成了一套技术标准，在探索过程中，均比较重视对基础数据、规划期限、坐标系、用地分类、工作流程和内容、控制线体系等技术方法的规范和衔接；二是均进行了城乡规划、土地利用规划等规划之间的"多规"差异分析，并提出了协调差异的处理办法，最终形成了"一张蓝图"；三是划定了生态保护红线、永久基本农田保护线以及城镇开发边界；四是搭建了一个信息管理平台，实现智慧化管理。

（三）经验与不足

1. 经验

"多规合一"阶段，总体技术路径符合当时实际情况，工作全面分析了各类规划之间的问题，运用 GIS 现代地理信息技术，进行"多规"叠加，找出了各类规划之间的矛盾冲突问题，为"一张蓝图"形成奠定了基础，其思路框架、技术体系趋于成熟，能有效并快速找到市县实际问题。

2. 不足

"多规合一"技术路径更多基于各类规划现状，对于规划本身是否合理考虑不足，"多规"内容涵盖国民经济和社会发展等发展类规划，规划体系较为杂乱；对国土空间本底条件关注不够，没有从全域角度分析国土空间适宜性，因此成果具有局限性。

就试点情况而言，试点有一定的成效，但也存在很多问题：

一是试点经验难以推广。各部委均以各自负责的空间规划为主，进行"多规合一"的试点，导致规划的标准和流程无法统一。

二是技术路径存在缺陷。由于对空间研究分析谋划不足，过于迁就现状，导致现状的不合理性延续。

三是"一张蓝图"难以形成。从理论上能合一形成一张图，但由于技术标准差异、法律地位缺失等问题，难以形成真正的一张图，往往是为合一张图而合一张图。

四是协调难度大。很多矛盾冲突牵扯历史问题和背后法制机制问题（空间规划事权划分存在问题），导致工作陷入了僵局。

二、空间规划技术路径

2016年12月，中办、国办印发《省级空间规划试点方案》，要求各地区深化规划体制改革创新，建立健全统一衔接的空间规划体系，提升国家国土空间治理能力和效率。同时将吉林、浙江、福建、江西、河南、广西、贵州等省纳入试点范围，至此，形成了9个省级空间规划试点。《省级空间规划试点方案》明确了要贯彻落实党的十八届五中全会关于以主体功能区规划为基础，统筹各类空间性规划、推进"多规合一"的战略部署，深化规划体制改革创新，建立健全统一衔接的空间规划体系，提升国家国土空间治理能力和效率。

(一) 技术路径

1. 理念思路

根据《省级空间规划试点方案》要求，空间规划避免过度涉及技术细节，从宏观、全局的角度，严格按照中央关于"以主体功能区规划为基础统筹各类空间性规划，推进'多规合一'"的要求，科学设计了"先布棋盘、后落棋子"的技术路线。

先布棋盘：以主体功能区规划为基础，开展基础评价，划定"三区三线"（生态空间、农业空间、城镇空间和生态保护红线、永久基本农田、城镇开发边界），构建一个区域的空间管控底图，形成空间管控基本格局。

后落棋子：以空间规划"三区三线"底图为基础，系统叠加其他各类空间性规划核心内容，形成"一张蓝图"，实现国土空间内各种规划的衔接、协调和统一。

2. 技术路线

空间规划总体技术路径可以总结为四步走：一是依据主体功能区规划要求，开展全覆盖的资源环境承载能力评价和国土空间开发适宜性评价，按照基础评价结果和开发强度控制要求，科学划定生态空间、城镇空间、农业空间，生态保护红线、永久基本农田和城镇开发边界，形成空间规划底图；二是在空间规划底图上叠加生态保护层、城镇建设层、产业发展层、乡村建设层、基础设施层等，形成空间布局总图。在空间布局总图基础上，系统整合各类空间性规划核心内容，编制空间规划；三是整合各部门现有空间管控信息管理平台，搭建基础数据、目标指标、空间坐标、技术规范统一衔接共享的空间规划信息管理平台；四是通过研究提出规划管理体制机制改革创新和相关法律法规立改废的具体建议，推进空间规划在区域发挥更好的引领和管控作用。

3. 具体路径

第一步：工作部署

针对市县实际情况，制定国土空间规划工作方案，明确工作目标、工作范围、总体思路、工作内容、职责分工、进度安排、实施保障及实施步骤等内容，以规范并保障空间规划编制工作的顺利实施。

第二步：部门调研

以国土、发展和改革、住建、环保、林业、农业、水利、交通、电力等部门为重点，进行全面调研，通过部门访谈、现场踏勘等方式，了解市县国土空间本底条件，并掌握市县国土空间规划开展情况及部门管理情况。

第三步：统一规划基础

统一规划期限，市县国土空间规划期限设定为2030年，统一基础数据，完成各类空间基础数据坐标转换、建立空间基础数据库；统一用地分类，系统整合《土地利用现状分类》《城市用地分类与规划建设用地标准》等，形成空间规划用地分类。统一目标指标，综合各类空间性规划核心管控要求，科学设计空间规划目标指标体系。

第四步：开展基础研究

基于市县实际，进行国土现状分析、经济社会发展研究、产业发展与布局研究、国土空间发展战略研究等基础分析；进行建设用地规模分析、开发建设强度分析、文物保护与旅游发展、基础设施廊道建设、环境保护等专项研究，为空间规划开展提供基础依据。

第五步：进行底图编制

依据《空间规划底图编制技术规范》，收集市县全域和相邻县区的国土调查成果、基础测绘成果，以及规划、各类保护区、经济、人口等资料；以国土调查成果和地理空间基础数据为基础，综合集成人口、经济、空间开发负面清单、行业数据等资料，进行数据预处理、数据分类与提取、外业核查、数据整合集成等，形成统一的空间规划数字工作底图。

第六步：开展基础评价

开展全域覆盖的资源环境承载能力评价和针对不同主体功能定位的差异化专项评价，划定资源环境承载力综合等级和专项评价结果等级，开展国土空间开发适宜性评价，确定全域空间建设开发适宜性评价结果等级。基础评价为国土空间规划开展奠定基础。

第七步：划定"三区三线"

以基础评价为依据，综合考虑市县经济社会发展、产业布局、人口聚集度，以及永久基本农田、各类自然保护区、重点生态功能区、生态环境敏感区和脆弱区保护等底线要求，科学测算城镇、农业、生态三类空间比例和国土空间开发强度指标，同时划定生态保护红线、永久基本农田以及城镇开发边界。以"三区三线"为载体，合理整合协调各部门空间管控手段，绘制形成国土空间规划底图。

第八步：构建"一张蓝图"

以空间规划底图为基础，按照"先网络层，后应用层"的顺序，将重大基础设施、城镇建设、乡村发展、生态保护、产业发展、公共服务、文物古迹等专项空间规划要素落入底图，形成有机整合的空间规划布局总图。

在空间布局总图基础上，系统整合城乡规划、林业规划、交通规划、水利规划等各类空间性规划核心内容，进行土地利用结构和布局调整，划定生态用地、耕地、基本农田、基础设施、城乡建设、农业生产等用地，最终确定各类土地规划属性，形成国土"一张蓝图"。

第九步：建设业务平台

（1）构建数据库。以市县现有的地理信息数据为支撑，以现有编制成果为基础，整合发改、国土、环保、林业等部门的空间数据，构建空间规划基础地理信息数据库、规划编制成果数据库、相关业务审批数据库和其他相关资料数据库。数据库图层组织和格式应该以 CGCS2000 坐标系为准，采用 ArcGIS shp 的格式管理。

（2）建设业务平台。按照"以数据为核心、以集成为重点、以共享为前提、以应用为目标、以服务为宗旨"的设计思路，坚持标准化、便捷化、精准化、协同化原则，紧紧围绕国土空间规划技术路线，以"规划管理更直观、空间管控更精准、政务服务更高效"为总体要求，建设集"规划分析、智能评价、规划编制、规划管理、规划应用"等功能于一体的国土空间规划信息平台。

（二）空间规划成果

《省级空间规划试点方案》是在市县"多规合一"试点工作基础上提出的，省级空间规划工作以此为指导，其工作思路清晰、试点目标明确，因此各省空间规划成果内容也基本一致。主要包含"2+5"的成果体系，"2"即双评价：资源环境承载能力评价和国土空间开发适宜性评价；"5"即五个一：一套研究报告、一本规划、一张蓝图、一个平台、一套机制。

（三）经验与不足

1. 经验

空间规划总体技术路径吸纳了"多规合一"的优点，同时规避了缺点。空间规划认识到了"多规"矛盾的根源问题，从顶层设计出发，技术上首先统一了规划期限、坐标数据、基础数据、管控分区、技术标准等规划基础，为空间规划开展奠定了基础；其次，技术路径上避免过度涉及技术细节问题，从宏观、全局角度出发，以主体功能区规划为基础，摸清国土空间本底条件，开展资源环境承载能力评价和国土空间开发适宜性评价，划定"三区三线"，科学绘制了空间规划底图，为统筹各类空间性规划构建基础框架；最后，采用"先布棋盘、后落棋子"的技术路线推进"多规合一"，与直接从现有规划成果出发、叠加比对形成空间布局图的做法相比，更具有科学性和合理性。

2. 不足

首先，空间规划过于注重宏观、注重战略和顶层设计，比较理想，对于实际差异问题考虑不足。从目前的情形来看，空间规划的试点工作难度很大；其次，空间技术上虽能够实现各类基础数据统一，但由于体制机制、法律地位等问题，空间规划用地分类、目标指标、管控分区等实际较难统一；最后，采用"先布棋盘、后落棋子"的技术路径站位较高，方法科学，但技术衔接上难度较大（如基础评价工作与"三区三线"划定的衔接），用途管制层面难以落地。

三、技术路径总结

"多规合一"试点阶段，28个试点市县均按照要求形成了"一个市县、一本规划、一张蓝图"，探索完善了市县空间规划体系、标准体系等，建立了相关规划的衔接协调机制，部分试点市县还建立了信息管理平台，实现了数字化管理。但由于受不同部委委托，未能形成完整的全域空间规划体系架构。

省级空间规划试点阶段，总结了"多规合一"的经验，从顶层设计、空间规划体系构建、信息化建设、规划管理体制机制改革创新等方面进行了全面探索，科学设计了"先布棋盘、后落棋子"的空间规划技术路径，为国土空间规划体系的建立提供了坚实的基础，对下一步国土空间规划技术体系的建立指明了方向。

第二节 国土空间规划技术路径确立

从市县"多规合一"到省级空间规划，再到当前的国土空间规划，我国国土空间规划技术体系经过十余年的探索已经摸索出了较为成熟的路径。随着国家机构改革方案落地，以及国家相应政策文件的指导，国土空间规划国家标准体系也将形成，指导全国国土空间规划的开展。

一、国土空间规划新形势

（一）机构改革

2018年3月，中共中央印发的《深化党和国家机构改革方案》明确将国土部的职责、住建部城乡规划管理职责、国家发展改革委组织编制主体功能区规划职责等整合，组建自然资源部，统一行使全民所有自然资源资产所有者职责，统一行使所有国土空间用途管制和生态保护修复职责，着力解决自然资源所有者不到位、空间规划重叠等问题。

至此，经历10余年的探索，4年多的正式试点，国家机构改革方案落地，自然资源部正式成立，空间规划体制改革，"多规合一"试点任务基本完成，为全面开展国土空间规划，构建国土空间规划体系，加强用途管制，建立健全国土空间开发保护制度探索了路径、积累了经验，奠定了坚实的基础。

自然资源部成立后，"多规合一"体制问题得以解决，在新的制度框架下，重构统一的国家空间规划治理体系成为当务之急。随之而来的国土空间规划技术路径也将随着新的空间规划体制改革而发生变化。

（二）政策文件

1.《关于统一规划体系更好发挥国家发展规划战略导向作用的意见》

为加快统一规划体系建设，构建发展规划与财政、金融等政策协调机制，更好发挥国家发展规划战略导向作用，2018年11月18日，中共中央、国务院发布《关于统一规划体系更好发挥国家发展规划战略导向作用的意见》（中发〔2018〕44号），要求牢固树立新发展理念，落实高质量发展要求，理顺规划关系，统一规划体系，完善规划管理，提高规划质量，强化政策协同，健全实施机制，加快建立制度健全、科学规范、运行有效的规划体制，更好发挥国家发展规划的战略导向作用。

具体内容：一是立足新形势新任务新要求，明确各类规划功能定位，理顺国家发展规划和国家级专项规划、区域规划、空间规划的相互关系，避免交叉重复和矛盾冲突；二是坚持下位规划服从上位规划、下级规划服务上级规划、等位规划相互协调，建立以国家发展规划为统领，以空间规划为基础，以专项规划、区域规划为支撑，由国家、省、市县各级规划共同组成，定位准确、边界清晰、功能互补、统一衔接的国家规划体系；三是强化国家级空间规划在空间开发保护方面的基础和平台功能，为国家发展规划确定的重大战略任务落地实施提供空间保障，对其他规划提出的基础设施、城镇建设、资源能源、生态环保等开发保护活动提供指导和约束。

此文件的出台基本明确了我国规划体系的基本内容以及国土空间规划在国家规划体系中的地位，也为国土空间规划编制指明了方向，使得空间规划技术路径更加清晰。国土空间规划是基础性规划，要依据发展规划制定，既要加强与国家级专项规划、区域规划、空间规划的衔接，形成全国"一盘棋"，又要因地制宜，符合地方实际，突出特色。

2. 《关于建立国土空间规划体系并监督实施的若干意见》

2019年5月9日，中共中央、国务院印发《关于建立国土空间规划体系并监督实施的若干意见》（中发〔2019〕18号，以下简称《若干意见》），明确到2020年，我国基本建立国土空间规划体系，逐步建立"多规合一"的规划编制审批体系、实施监督体系、法规政策体系和技术标准体系；基本完成市县以上各级国土空间总体规划编制，初步形成全国国土空间开发保护"一张图"。到2025年，健全国土空间规划法规政策和技术标准体系；全面实施国土空间监测预警和绩效考核机制；形成以国土空间规划为基础，以统一用途管制为手段的国土空间开发保护制度。到2035年，全面提升国土空间治理体系和治理能力现代化水平，基本形成生产空间集约高效、生活空间宜居适度、生态空间山清水秀，安全和谐、富有竞争力和可持续发展的国土空间格局。

依据《若干意见》，我国将形成国家、省、市县级国土空间规划。全国国土空间规划是对全国国土空间做出的全局安排，是全国国土空间保护、开发、利用、修复的政策和总纲，侧重战略性。省级国土空间规划是对全国国土空间规划的落实，指导市县国土空间规划编制，侧重协调性。市县和乡镇国土空间规划是本级政府对上级国土空间规划要求的细化落实，是对本行政区域开发保护做出的具体安排，侧重实施性。

同时，《若干意见》还提出要高质量编制空间规划。一是体现战略性。自上而下编制各级国土空间规划，对空间发展做出战略性、系统性安排。落实国家安全战略、区域协调发展战略和主体功能区战略，明确空间发展目标，优化城镇化格局、农业生产格局、生态保护格局，确定空间发展策略，转变国土空间开发保护方式，提升国土空间开发保护质量和效率。二是提高科学性。坚持生态优先、绿色发展，尊重自然规律、经济规律、社会规律和城乡发展规律，因地制宜开展规划编制工作；坚持节约优先、保护优先、自然恢复为主的方针，在资源环境承载能力和国土空间开发适宜性评价的基础上，科学有序统筹布局生态、农业、城镇等功能空间，划定生态保护红线、永久基本农田、城镇开发边界等空间管控边界以及各类海域保护线，强化底线约束，为可持续发展预留空间。坚持山水林田湖草生命共同体理念，加强生态环境分区管治，量水而行，保护生态屏障，构建生态廊道和生态网络，推进生态系统保护和修复，依法开展环境影响评价。坚持陆海统筹、区域协调、城乡融合，优化国土空间结构和布局，统筹地上地下空间综合利用，着力完善交通、水利等基础设施和公共服务设施,延续历史文脉,加强风貌管控,突出地域特色。坚持上下结合、社会协同,完善公众参与制度,发挥不同领域专家的作用。运用城市设计、乡村营造、大数据等手段,改进规划方法,提高规划编制水平。三是加强协调性。强化国家发展规划的统领作用,强化国土空间规划的基础作用。国土空间总体规划要统筹和综合平衡各相关专项领域的空间需求。详细规划要依据批准的国土空间总体规划进行编制和修改。相关专项规划要遵循国土空间总体规划,不得违背总体规划强制性内容,其主要内容要纳入详细规划。四是注重操作性。按照谁组织编制、谁负责实施的原则,明确各级各类国土空间规划编制和管理的要点。

《若干意见》关于国土空间规划体系建立进行了详细的说明,并明确了开展国土空间规划编制的主要任务:要落实国家战略定位,明确空间发展目标;优化国土空间格局,开展资源环境承载能力评价和国土空间开发适宜性评价,划定生态保护红线、永久基本农田、城镇开发边界等空间管控边界。《若干意见》的发布,标志着国土空间规划体系顶层设计和"四梁八柱"基本形成。

二、国土空间规划技术体系构建

《若干意见》明确了我国将建立新的国土空间规划体系,国土空间规划体系分为四个子体系:规划编制审批体系、规划实施监督体系、法规政策体系、技术标准体系。国土空间规划的技术标准体系构建是规划从业者今后的重点工作,也是当前亟须解决的重点任务之一。以下将重点研究国土空间规划技术体系的主要内容。

(一)总体考虑

国土空间规划技术体系是以生态文明为顶层设计,以《中共中央国务院关于统一规划体系更好发挥国家发展规划战略导向作用的意见》(中发〔2018〕44号)、《中共中央国务院关于建立国土空间规划体系并监督的实施意见》(中发〔2019〕18号)以及其他政策文件为指导,在总结了市县"多规合一"试点和省级空间规划试点经验和继承主体功能区规划、城乡规划等原有规划编制技术路径的基础上提出来的。因此,国土空间规划技术体系是多方研究成果的集成,是各方智慧的融合。

(二)指导思想

以习近平新时代中国特色社会主义思想为指导,全面贯彻党的十九大和十九届三中全会精神。落实新发展理念,统筹推进"五位一体"总体布局,协调推进"四个全面"战略布局,以绿色发展和高质量发展为主线,坚持以人民为中心、坚持可持续发展、坚持从实际出发、坚持依法行政,发挥国土空间规划在规划体系中的基础性作用,在国土开发保护领域的刚性控制作用,以及对专项规划和区域规划的指导约束作用,体现战略性、提高科学性、强化权威性、加强协调性、注重操作性、加强统筹协调性,兼顾开发与保护,注重规划的传导落实,为实现"两个一百年"奋斗目标营造高效有序的空间秩序和山明水秀的美丽国土。

(三) 总体思路

按照国土空间规划体系，遵循上位规划、落实上级规划，"能用、管用、好用"的规划要求，坚持"战略引领、空间优化，统一分类、分层传导，对应事权、分级管控"的理念，以"双评价"为基础，以国土空间总体规划为统领，以专项规划和详细规划为支撑，以国土空间用途管制为重点，以信息平台为保障，以主导功能定位划定规划分区，建立国土空间用途分区分类分级管制体系；落实重大空间布局，统筹各类资源要素配置，优化国土空间格局，整合形成"多规合一"的国土空间规划，促进区域可持续发展。

(四) 主要任务

综上所述，国土空间主要任务可概括为战略定位—优化格局—要素配置—空间整治—实施策略五部分。

第一，落实战略定位。衔接国家、省级空间规划、发展规划等上层次相关规划，科学研判当地经济社会发展趋势、国土空间开发保护现状问题和挑战，明确空间发展目标和发展愿景，确定各项指导性、约束性指标和管控要求。

第二，优化空间格局。开展资源环境承载能力评价和国土空间开发适宜性评价，根据主体功能定位，确定全域国土空间规划分区及准入规则，划定永久基本农田、生态保护红线和城镇开发边界三条控制线，明确管控要求，优化全域空间结构、功能布局，完善城乡居民点体系，明确基础设施、产业布局要求。

第三，进行要素配置。按照国土空间总体布局，实行全域全要素规划管理，统筹耕地、林地、草地、海洋、矿产等各类要素布局；保护生态廊道，延续历史文脉，加强风貌管理，统筹重大基础设施和公共服务设施配置，改善人居环境，提升空间品质。

第四，实施空间整治。明确国土空间生态修复的目标、任务和重点区域，安排国土综合整治和生态保护修复重点工程的规模、布局和时序，明确各类自然保护地范围边界，提出生态保护修复要求，提高生态空间完整性和网络化。

第五，制定实施策略。分解落实国土空间规划主要目标任务，明确规划措施，健全实施传导机制。结合规划部署，制定近期建设规划及重大项目的实施计划，合理把握规划实施时序。

(五) 技术路径

总体技术路径分为四步走：布底图、落用途、严管控和强保障。

第一步：布底图

1. 完成技术准备

针对实际情况，制定国土空间规划工作方案，明确工作目标、工作范围、工作内容、职责分工、进度安排、实施步骤等内容，以规范并保障空间规划编制工作的顺利实施。

以自然资源、发改、环保、林业、农业、水利、交通等部门为重点，进行全面调研，通过部门访谈、现场踏勘等方式，了解国土空间本底条件；收集测绘资料、各类规划资料以及经济人口、人文历史等其他方面的基础资料。

2. 开展专题研究

基于市县实际，开展国土现状分析、经济社会发展研究、产业发展与布局研究、国土空间发展战略研究等基础研究；开展资源保护、土地集约节约利用、基础设施廊道建设、国土综合整治与生态修复、乡村振兴等专项研究，为国土空间规划开展提供支撑。

3. 绘制一张底图

收集全域和相邻县区第三次全国国土调查（以下简称"国土三调"）成果、基础测绘成果，以及规划、各类保护区、经济、人口等资料；以"国土三调"成果为基础，地理国情普查数据为补充，综合集成人口、经济、空间开发负面清单、行业数据等资料，进行数据预处理、数据分类与提取、外业核查、数据整合集成等，形成统一的国土空间规划底图底数。

4. 实施双评估

规划实施评估：全面评估现行城乡规划、土地利用规划以及海洋功能区划的实施情况，总结成效、分析问题，明确本次规划的重点，提出国土空间开发保护格局优化的建议。

国土空间开发保护现状评估：科学评判国土安全、气候安全、生态环境安全、粮食安全、水安全、能源安全等对市县带来的潜在风险和隐患，提出规划应对措施。

5. 开展双评价

开展全域覆盖的资源环境承载能力评价和国土空间开发适宜性评价，通过评价识别资源环境承载能力和关键限制因素，分析国土空间开发潜力；在"三条控制线"统筹划定、国土开发保护格局确定、国土空间用途管制、国土整治与生态修复安排等方面，为规划方案提供技术与策略支撑。

第二步：落用途

1. 研究空间战略

分析国家、省发展政策，以国家、省级空间规划、发展规划为引领，科学研判市县经济社会发展趋势、国土空间开发保护现状问题和挑战，提出市县国土空间发展战略，提出战略定位、战略目标，确定各项指导性、约束性指标和管控要求。

2. 优化空间格局

以规划评估、评价分析为基础，结合国土空间开发保护战略与目标，立足市县域自然资源本底，构建国土空间开发保护总体格局，提出宏观的开发保护总格局、区域协调格局、城乡空间结构、产业发展、乡村振兴等重大格局。

3. 划定三条控制线

严格落实省级国土空间规划相关要求，划定生态保护红线、永久基本农田和城镇开发边界三条控制线，统筹优化"三条控制线"等空间管控边界，制定空间管控措施，合理控制整体开发强度。

4. 划定规划分区

以基础评价为依据，根据市县主体功能定位，划定生态保护、永久基本农田保护、城镇发展、农村农业发展、海洋发展等规划基本分区,明确各分区的管控目标、政策导向和准入规则。

5. 进行要素配置

按照国土空间总体布局,实行全域全要素规划管理,统筹耕地、林地、草地、海洋、矿产等各类要素布局,科学确定水、土地、能源等各类自然资源保护的约束性指标;保护生态廊道,延续历史文脉,加强风貌管理,统筹重大基础设施和公共服务设施配置,改善人居环境,提升空间品质。

6. 落实用途管控

建立"全域—片区—单元"三个层面管控体系,明确各层面管控要素、管控重点和管控要求;制定全域管控规则,确定约束性指标。

第三步:严管控

1. 搭建业务平台

以自然资源调查监测数据为基础,采用国家统一的测绘基准和测绘系统,整合各类空间关联数据,建立国土空间基础信息平台,实现规划分析、智能评价、规划编制、规划管理、规划应用等于一体,提高行政审批与管理效率。

第四步:强保障

2. 建立一套机制

依托国土空间基础信息平台,建立健全国土空间规划动态监测评估预警和实施监管机制;健全资源环境承载能力监测预警长效机制,建立国土空间规划定期评估机制,结合国民经济社会发展实际和规划定期评估结果,对国土空间规划进行动态调整完善。

(六) 国土空间规划成果内容

国土空间规划成果最终以《国土空间总体规划》展现,内容包含规划文本、图件、附件、数据库和信息平台,其中附件包括规划说明书、专题研究、其他材料等。

1. 规划文本

(1) 总则。阐述规划定位、范围、期限,编制原则等。

(2) 战略目标与指标。明确国土空间规划指导思想,基本原则,制定国土空间发展定位、发展战略、发展目标及指标体系。

(3) 国土空间格局。明确国土空间总体结构和格局,制定国土空间规划分区和用途管制规则。确定城乡居民点体系安排、农业发展布局、自然保护地体系规划、历史人文体系设想、能源矿产布局,以及公共服务设施、基础设施、减灾防灾设施配置要求。

(4) 土地利用规划。明确土地利用结构、数量,山水林田湖草等在土地上的安排,存量建设用地再开发安排,中心城区土地利用控制等。

(5) 城镇功能结构。布局城镇开发边界内部功能,明确公共服务设施建设标准和布局要求,构建社区生活圈,确定地下空间规划建设标准和布局要求。

(6) 陆海统筹。统筹协调陆海空间,合理安排功能分区与用途分类。

（7）乡村振兴。合理配置公共资源，明确目标任务，分类引导乡村地区发展。

（8）国土空间生态修复。确定各类综合整治和生态修复的重点区域、目标与布局安排，重点工程。

（9）综合交通体系。明确全域交通体系建设目标和模式，合理布局综合交通网络和枢纽体系。明确中心城区综合交通枢纽的功能、布局与用地规模，交通干线道路、场站规划布局和用地控制要求。

（10）城市历史文化与风貌保护。确定全域历史文化遗产保护整体框架、保护目标和保护重点，明确保护范围和要求。确定中心城区总体风貌定位，城市设计重点控制区等内容。

（11）城市安全与重大市政基础设施。提出全域重大市政基础设施的布局和管控要求。确定中心城区各类设施的建设规模、标准、重大设施布局，明确廊道控制要求、地下综合管廊建设要求。

（12）区域统筹。提出跨区域衔接策略，明确下位行政单元的主体功能定位。

（13）规划实施保障。分区管制规划传导，分期实施与行动计划，规划实施措施。

2. 规划图件

（1）必备图件。现状必备图件一般包括：土地利用现状图、生态资源现状分布图、综合交通体系现状图、双评价图（套图）、国土空间开发适宜性评价图等。规划必备图件一般包括：国土空间规划总图、国土空间规划分区图、三线划定图、城镇体系规划图、国土综合整治和生态修复布局图、市政基础设施规划图、公共服务设施规划图、综合防灾减灾规划图等。

（2）其他图件。其他图件包括区位图、遥感影像图、矿产资源分布图、产业发展布局图、区域空间协同规划图等。

3. 规划附件

规划附件包括规划说明书和专题研究两部分。

（1）规划说明书。国土空间规划说明主要阐述规划决策的编制基础、技术分析和编制内容，是规划实施中配合规划文本和图件使用的重要参考。

（2）专题研究报告。专题研究报告包括：《规划实施评估报告》《国土空间开发保护现状评估报告》《双评价报告》《规划分区及控制线划定报告》《自然资源保护与利用》《国土空间开发保护战略研究报告》《产业发展布局专题报告》《人口与建设用地规模专题报告》《基础设施廊道建设专题报告》《国土综合整治与生态修复报告》等。

（3）其他材料。包括规划编制过程中形成的工作报告、规划大纲、基础资料、会议纪要、部门意见、专家论证意见、公众参与记录等。

4. 规划数据库

数据库是国土空间规划实现信息化管理平台的重要支撑，是规划成果数据的电子形式。国土空间基础数据库成果包含成果数据标准及数据库成果两方面内容，数据库成果包括各类规划图件的栅格数据和矢量数据、规划文档、规划表格、元数据等。规划数据库内容应与纸质的规划成果内容一致。

5. 基础信息平台

国土空间基础信息平台，包含信息管理平台开发建设和平台技术方案两方面内容。信息平台主要是基于统一的标准与规范，以"一张蓝图"数据库为基础，完善空间规划体系，系统整合各层次、各行业规划和基础地理信息、项目审批信息、用地现状信息等，建立一个基础数据共享、监督管理同步、审批流程协同、统计评估分析、决策咨询服务，具备动态更新机制、共享共用的空间规划业务管理平台。

第三节 国土空间规划技术体系内容

国土空间规划技术体系内容主要包括资源环境承载能力和国土空间开发适宜性评价方法、控制线划定技术方法，规划分区划定技术方法，空间管控，数据库建设与信息化平台建设等内容。

一、资源环境承载能力和国土空间开发适宜性评价

开展"双评价"工作一方面是基于党中央"生态优先"的战略要求，另一方面也是应国土空间规划编制的需求而生。"双评价"应当是国土空间规划的前提和基础，使国土空间规划编制更加系统化、科学化。

（一）基本定义

1. 资源环境承载能力

基于一定发展阶段、经济技术水平和生产生活方式，一定地域范围内资源环境要素能够支撑的农业生产、城镇建设等人类活动的最大规模。

2. 国土空间开发适宜性

在维系生态系统健康前提下，综合考虑资源环境要素和区位条件，特定国土空间进行农业生产、城镇建设等人类活动的适宜程度。

（二）评价目标

分析区域资源环境禀赋条件，研判国土空间开发利用问题和风险，识别生态系统服务功能极重要和生态极敏感空间，明确农业生产、城镇建设的最大合理规模和适宜空间，为完善主体功能区布局，划定生态保护红线、永久基本农田、城镇开发边界，优化国土空间开发保护格局，科学编制国土空间规划，实施国土空间用途管制和生态保护修复提供技术支撑，倒逼形成以生态优先、绿色发展为导向的高质量发展新路子。

（三）评价原则

1. 生态优先

以习近平生态文明思想为指导，突出生态保护功能，识别生态系统服务功能极重要、

生态极敏感区域，确保生态系统完整性和连通性。在坚守生态安全底线前提下，综合分析农业生产、城镇建设的合理规模和布局。

2. 科学客观

体现尊重自然、顺应自然、保护自然的理念，充分考虑陆海全域国土空间土地、水、生态、环境、灾害等资源环境要素，加强与相关专项调查评价结果的统筹衔接，定量方法为主、定性方法为辅，客观全面地评价资源环境禀赋条件、开发利用现状及潜力。

3. 因地制宜

在强化资源环境底线约束的同时，充分考虑区域和尺度差异。各地特别是市县开展评价时，可结合本地实际和地域特色，因地制宜适当补充评价功能、要素与指标，优化评价方法，细化分级阈值。

4. 简便实用

在保证科学性的基础上，精选最有代表性的指标。紧密结合国土空间规划编制，强化目标导向、问题导向和操作导向，确保评价成果科学、权威、好用、适用。

（四）技术路线

"双评价"的总体技术流程为"数据准备—单项评价—集成评价—综合分析"，如果涉及海域，还将开展陆海统筹。对不同功能指向和评价尺度，需采用差异化的指标体系（见图 2-1）。

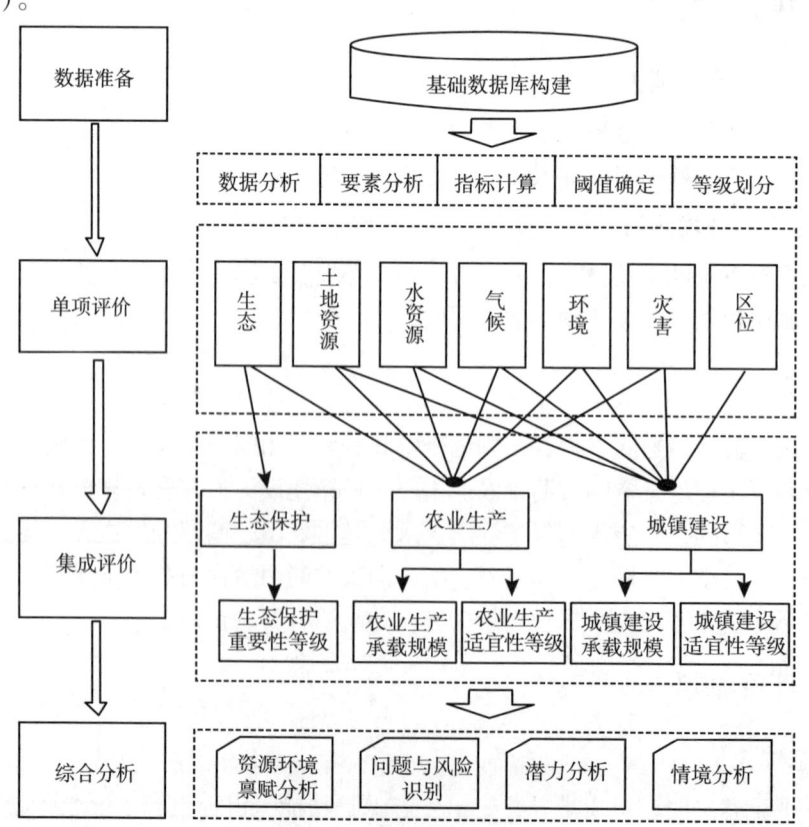

图 2-1 评价技术流程图

1. 数据准备

（1）坐标基准和投影方式。评价统一采用2000国家大地坐标系（CGCS2000），高斯-克吕格投影，陆域部分采用1985国家高程基准，海域部分采用理论深度基准面高程基准。

（2）评价单元与计算精度。省级（区域）层面，单项评价根据要素特征确定区域、流域、栅格等评价单元。计算精度采用50 m×50 m栅格，山地丘陵或幅员较小的区域可提高到25 m×25 m或30 m×30 m。以县级行政区为评价单元计算可承载农业生产城镇建设的最大规模。

市县层面，单项评价宜在省级评价基础上进一步细分评价单元。优先使用矢量数据，使用栅格数据的采用25 m×25 m或30 m×30 m计算精度。以乡（镇）为评价单元计算可承载农业生产、城镇建设的最大规模。

海域可根据数据获取情况，适当降低计算精度。

（3）数据收集

收集数据时，应保证数据的权威性、准确性、时效性。所需数据包括基础地理、土地资源、水资源、环境、生态、灾害、气候气象等。

2. 单项评价

分别开展生态、土地资源、水资源、气候、环境、灾害、区位等单项评价。

市县层面，不再开展生态评价，直接使用省级生态评价结果，并根据更高精度数据和地方实际进行边界校核和局部修正；若缺乏优于省级精度数据的，可不进行相应要素的单项评价；可立足本地实际增加评价要素和指标；可补充海洋开发利用、文化保护利用、矿产资源开发利用等功能指向评价。

原则上按照本指南推荐的阈值进行评价。当评价结果未充分体现区域内部差异时，可结合实际细分阈值区间，但不得改变阈值划分标准。

3. 集成评价

基于单项评价结果，开展集成评价，优先识别生态系统服务功能极重要和生态极敏感空间，基于一定经济技术水平和生产生活方式，确定农业生产适宜性和承载规模、城镇建设适宜性和承载规模。

（1）适宜性评价。通过集成评价，将生态保护重要性划分为高、较高、中等、较低、低5级，将农业生产、城镇建设适宜性划分为适宜、较适宜、一般适宜、较不适宜、不适宜5级。

生物多样性维护、水源涵养、水土保持、防风固沙、海岸防护等生态系统服务功能越重要，或水土流失、石漠化、土地沙化、海岸侵蚀等生态敏感性越高，且生态斑块的规模和集中程度越高，生态廊道的连通性越好，生态保护重要性等级越高。

地势越平坦，水资源丰度越高，光热越充足，土壤环境容量越高，气象灾害风险越低，且地块规模和连片程度越高，农业生产适宜性等级越高。

地势越低平，水资源越丰富，水气环境容量越高，人居环境条件越好，自然灾害风险越低，且地块规模和集中程度越高，地理及交通区位条件越好，城镇建设适宜性等级越高。

对适宜性等级划分结果进行专家校验,综合判断评价结果与实际状况的相符性。对明显不符合实际的,应开展必要的现场核查校验与优化。

(2) 承载规模评价。在水土资源不同的约束条件下,缺水地区重点以水平衡为约束,分别评价各评价单元可承载农业生产、城镇建设的最大规模。

有条件地区可结合环境质量目标及污染物排放标准和总量控制等因素,补充评价环境容量约束下可承载农业生产、城镇建设的最大规模。

按照短板原理,采用各约束条件下的最小值作为可承载的最大规模。

市县层面,数据精度无法支撑以乡(镇)为评价单元的承载规模评价时,可直接采用省级评价结果。

4. 综合分析

(1) 资源环境禀赋分析。在单项评价基础上,分析土地、水、矿产、森林、草原、湿地、海洋等自然资源的数量、质量、结构、分布等特征及变化趋势,结合气候、生态、环境、灾害等要素特点,选取国家、省域平均情况或其他对标地区作为参考,总结资源环境比较优势和限制因素。

(2) 问题和风险识别。依据评价结果,综合分析资源环境开发利用现状的规模、结构、布局、质量、效率、效益及动态变化趋势,识别因生产生活利用方式不合理、资源过度开发粗放利用引起的水平衡破坏、水土流失、生物多样性下降、湿地侵占、自然岸线萎缩、地下水超采、地面沉降、水污染、土壤污染、大气污染等资源环境问题,预判未来变化趋势和存在风险。

(3) 潜力分析。根据农业生产适宜性评价结果,对农业生产适宜区、较适宜区、一般适宜区内且生态系统服务功能极重要和生态极敏感以外区域,分析土地利用现状结构,按照生态优先、绿色发展、经济可行的原则,结合可承载农业生产的最大规模,分析可开发为耕地的潜力规模和空间布局;根据城镇建设适宜性评价结果,对城镇建设适宜区、较适宜区、一般适宜区内且生态系统服务功能极重要和生态极敏感以外区域,分析土地利用现状结构,结合可承载城镇建设的最大规模,综合城镇发展阶段、定位、性质、发展目标和相关管理要求,分析可用于城镇建设的潜力规模和空间布局。

(4) 情景分析。分析气候变化、技术进步、生产生活方式等对国土空间开发利用的不同影响。模拟重大工程建设、交通基础设施变化等不同情景,分别给出并比对相应的评价结果,支撑国土空间规划多方案决策。

二、控制线划定

(一) 生态保护红线划定

1. 划定内容

依据《生态保护红线划定技术指南》(2017年),按照定性与定量相结合的原则,通过科学评估,识别具有重要水源涵养、生物多样性维护、水土保持、防风固沙等功能的生态功能重要区域,以及水土流失、土地沙化、盐渍化等生态环境敏感脆弱区域,根据地区特点以及保护要求，合理划定土地沙化敏感区生态保护红线、江河湖库滨岸带敏感区生态保护红线、生物多样性维护功能区生态保护红线、森林生态系统保护红线、禁止开发区生态系统保护红线等，最后按照功能不降低、面积不减少、性质不改变等要求，对生态保护红线进行严格管控。

2. 划定依据

《中华人民共和国环境保护法》；

《中华人民共和国国家安全法》；

《中华人民共和国水土保持法》；

《中共中央国务院关于加快推进生态文明建设的意见》（中发〔2015〕12号）；

《生态文明体制改革总体方案》（中发〔2015〕25号）；

《关于划定并严守生态保护红线的若干意见》（厅字〔2017〕2号）；

《关于印发全国土地利用总体规划纲要（2006—2020年）调整方案的通知》（国土资发〔2016〕67号）；

其他涉及生态环境保护法律法规及技术规范。

3. 技术路线（见图2-2）

第一步：现状资料搜集

收集各红线类型的相关规划/区划资料，基础地理信息数据和资料，以及与生态保护红线划定相关的主体功能区规划、环境功能区划、生态功能区划、所在区域的城市总体规划、林地保护利用规划、资源开发规划及旅游发展规划等资料，作为红线划定过程中的辅助参考文件。

第二步：开展科学评估

按照双评价技术方法，开展生态功能重要性评估和生态环境敏感性评估，确定水源涵养、生物多样性维护、水土保持、防风固沙等生态功能极重要区及极敏感区，纳入生态保护红线。

第三步：校验划定范围

根据评估结果，将评估得到的生态功能极重要区与生态环境极敏感区进行叠加合并，并与国家级省级禁止开发区和其他各类生态保护地进行校验，进行红线空间叠加图。

第四步：确定红线边界

确定的生态保护红线叠加图，通过边界处理、现状与规划衔接、跨区域协调、上下对接等步骤，最终确定生态保护红线边界。

第五步：划定生态保护红线

通过资料收集、明确划定范围、识别红线内容、确定红线边界等上述步骤，最终划定各条生态保护红线，形成生态保护红线划定成果。

4. 管控措施

生态保护红线原则上按禁止开发区域的要求进行管理。严禁不符合主体功能定位的各类开发活动，严禁任意改变用途确保生态功能不降低、面积不减少、性质不改变。

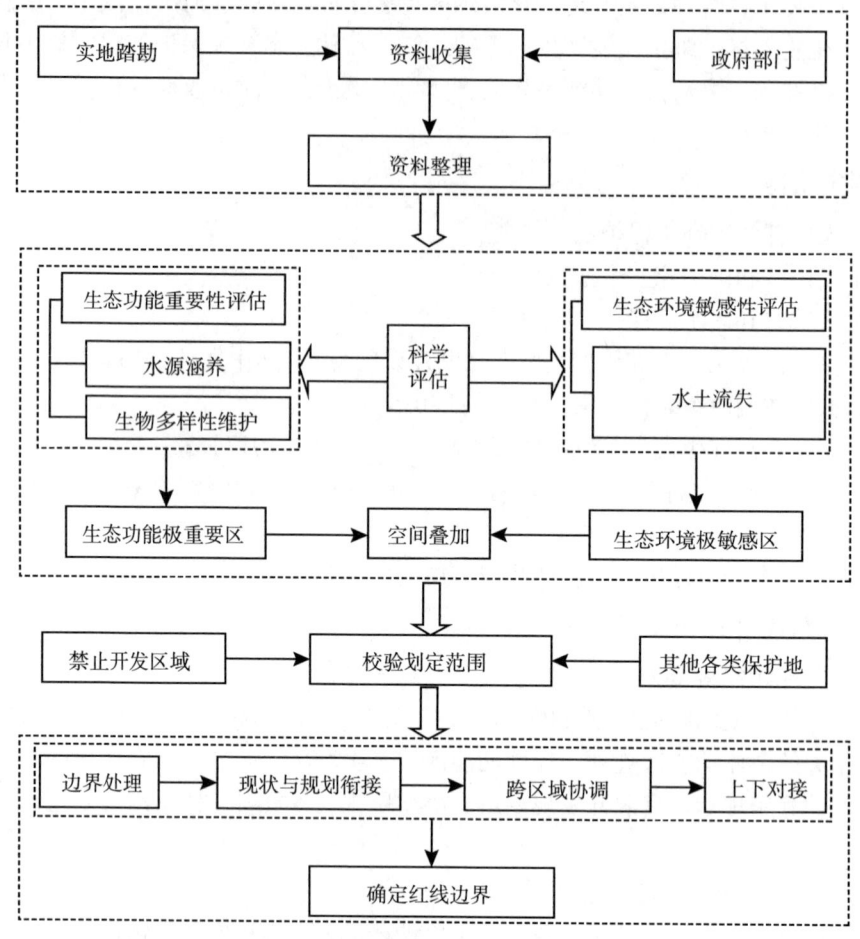

图2-2 生态保护红线划定技术流程图

5. 技术要求

（1）数学基础。坐标系统采用2000国家大地坐标系统。矢量数据采用地理坐标，即以"度（°）"为单位；栅格数据采用高斯-克吕格投影3°分带。高程为1985国家高程基准。

（2）数据格式。数据格式为ArcGIS软件的shp文件或空间数据库gdb（或mdb）文件。图件成果为jpg格式，以及带数据文件及相对路径的ArcGIS的mxd文件。

（3）精度要求及工作底图。采用地理国情普查数据作为生态保护红线划定的工作底图，以1:10000（0.5 m分辨率）的数字正射影像DOM为主，红线采集精度能与其套合。行政区划图采用地理国情普查成果。红线区面积计算投影面积，单位为平方米，保留小数点2位。

6. 生态保护红线成果

生态保护红线划定成果包括文本、图件、登记表、台账数据库、技术报告等。涉及的保密数据成果存储及使用应按照国家保密相关规定要求执行。

（二）永久基本农田划定

1. 划定内容

永久基本农田划定主要是根据土地利用变更调查、耕地质量等级评定、耕地地力调查与质量评价等成果数据，以国家、省、市县永久基本农田划定的最终成果为基础，按照《基本农田划定技术规程》，对规划期内需占用基本农田的重点项目进行梳理，按照"数量不减少、质量不降低"原则在区域范围内对基本农田进行调整，划定永久基本农田保护红线。

2. 划定依据

国土三调成果；

《基本农田保护条例》；

《基本农田数据库标准》（TD/T 1019—2009）；

《土地利用数据库标准》（TD/T 1016—2007）；

《基本农田划定技术规程》（TD/T 1032—2011）等。

3. 划定流程（见图2-3）

第一步：基础数据收集整理

收集土地利用总体规划资料、土地利用现状调查资料、已有基本农田保护资料、农用地分等级资料、其他土地管理相关资料，整理出划定的永久基本农田、最新的土地利用变更调查、耕地质量等别评定、耕地地力调查与质量评价等成果数据。

第二步：基本农田划出

根据国家、各省重点建设项目占用需求和生态退耕要求等进行基本农田划出。依据土地利用变更调查、耕地质量等别评定、耕地地力调查与质量评价等成果数据，统计分析划出基本农田的数量和质量情况。

第三步：确定基本农田补划潜力

根据最新的土地利用变更调查数据，充分考虑水资源承载力约束因素，明确在已划定基本农田范围外、位于农业空间范围内的现状耕地，作为规划期永久基本农田保护红线的补划潜力空间。依据土地利用变更调查、耕地质量等别评定、耕地地力调查与质量评价等成果数据，明确补划潜力的数量和质量情况。

第四步：形成划定方案

校核划出永久基本农田和可补划耕地的数量和质量情况，按照数量不减少、质量不降低要求，确定2030年永久基本农田方案。

（三）城镇开发边界划定

1. 划定内容

依据资源环境承载能力评价、国土空间开发适宜性评价，以生态保护红线、永久基本农田作为限制性依据，明确不能开发建设的国土空间刚性边界，同时提出允许开发建设的国土空间区块；其次，预测人口规模以及控制的城镇人均建设用地指标作为控制性依据，

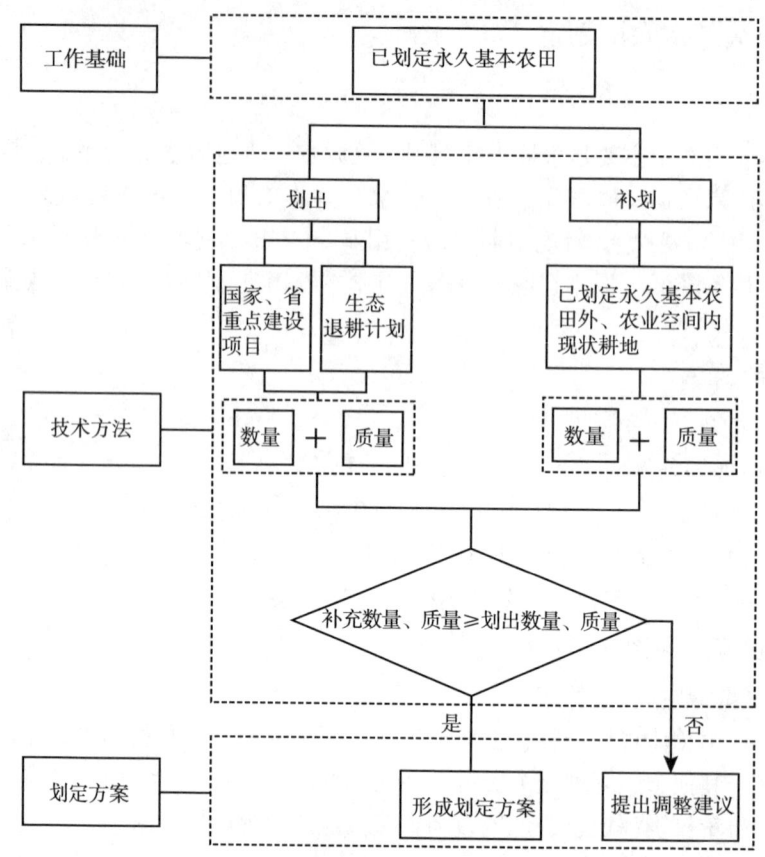

图 2-3　永久基本农田划定技术流程图

得出满足城镇发展所需的合理建设用地规模。城镇开发边界划定中，以限制性依据、控制性依据为基础，综合考虑城镇发展定位，最终确定城镇开发边界。

2. 划定依据

《城市用地分类与建设用地标准》（GB 50137—2011）；
《资源环境承载能力和国土空间开发适宜性评价技术指南》；
现有城乡规划和土地利用总体规划等。

3. 划定方法（见图 2-4）

第一步：资料收集

收集整理市县行政区划、地表覆盖分类（地理国情普查）、现状地表分区、行政区划单元、道路、水域、地名、人口经济、城镇建成区、坡度带、高程带、地质灾害、永久基本农田、生态红线数据，以及土地利用总体规划、城乡规划、林业规划、产业园区规划等基础数据作为城镇开发边界划定的参考。

第二步：用地条件评价

通过资源环境承载能力评价确定不同区域对城镇扩张及产业布局的承载极限；通过国土空间开发适宜性评价确定不同区域城镇及产业开发建设的适宜程度。以"双评价"结果指导城镇开发边界划定。

第三步：城镇规模确定

依据市县历年城镇人口变化情况、城镇化水平情况与经济发展趋势，科学预测规划期内城镇人口规模，以人定地，明确城镇用地规模；结合产业发展基础、重大项目安排、经济增长水平，科学预测规划期内工业增加值规模。参考相关用地产出水平，以产定地，明确独立产业园区规模。以规划城镇用地和独立产业用地的总用地规模，作为城镇开发边界确定的数量基础。

第四步：城镇开发边界规模确定

依据不同区域的资源禀赋和开发适宜性条件，在城镇建设用地现状规模基础上按照一定的扩展系数确定规划期内城镇开发边界规模，最终形成开发边界总规模。

第五步：进行差异分析

在GIS平台上对同一区域的城乡规划与土地利用总体规划建设用地进行对比。通过分析城规与土规建设用地差异，明确"两规"之间建设用地冲突情况，为划定城镇开发边界提供依据。

第六步：城镇开发边界划定

依据"双评价"和"两规"差异分析对比内容，综合考虑城镇建设用地的适宜性、现行城乡规划与土地利用规划建设用地情况、城镇空间发展方向等，最终确定城镇开发边界。

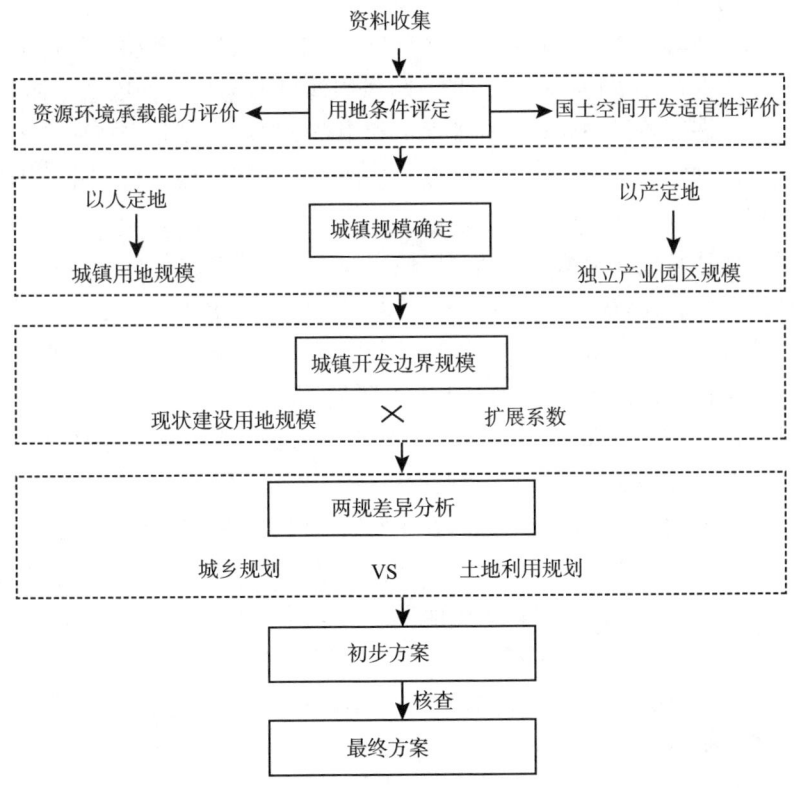

图2-4 城镇开发边界划定技术流程图

三、规划分区划定

(一) 主要内容

规划分区划定是依据资源环境承载能力评价和国土空间开发适宜性评价结果，从土地资源、水资源、环境质量、生态条件等评价因子入手，同时围绕目标战略和开发保护格局，结合地域特征和经济社会发展水平等，识别生态功能适宜性区域、农业功能适宜性区域、城镇功能适宜性区域以及其他功能适宜性区域，从而划定出生态保护与保留区、海洋特殊保护与渔业资源养护区、永久基本农田集中保护区、古迹遗址保护区、城镇发展区、农业农村发展区、海洋利用与保留区、矿产与能源发展区等。

(二) 技术路径（见图 2-5）

第一步：规划分区识别

依托市（县）域各类资料情况，开展资源环境承载能力评价和国土空间开发适宜性评价，以综合评价结果为依据识别适宜农业生产、生态保护和城镇建设等区域，形成生态、农业、城镇等功能适宜性评价结果。

第二步：规划分区划定

基于生态功能适宜性评价结果，结合区域生态保护重要性、敏感性和脆弱性评价，考虑水源涵养、水土保持、生物多样性维护、防风固沙等不同功能，依据主体功能区战略、生态功能区划、生态环境保护规划、林地保护利用规划等相关规划，按照最大程度保护生态安全要求，合理划定生态保护区。县及以下层面将生态保护区进行细化，形成核心生态保护区、生态保护修复区和自然保留区。

基于城镇功能适宜性评价结果，结合以城镇和工业建设为主体的城镇优化发展、城镇重点发展功能区、区位比较优势、人口规模等级、产业基础等因素，按照促进城镇建设紧凑布局、集约高效要求，划定城镇发展区。县及以下层面将城镇发展区进行细分，形成城市集中建设区、城镇有条件建设区和特别用途区等区域。

基于农业功能适宜性评价结果，结合永久基本农田、集中连片优质耕地，统筹林、园、牧、渔等各类农业用地，以及农业现代化、农村新产业和新业态、新农村建设要求，合理划定以农业生产和乡村建设为主体的农业发展区以及永久基本农田保护区。

基于海洋开发与利用适宜性评价结果，结合实际情况，划定海洋特殊保护与渔业资源养护区和海洋利用与保留区。县级以下层面可将上述两个区域进行细化，形成海洋特殊保护区、海洋渔业资源养护区、海域利用区和无居民海岛利用区等。

其他如古迹遗址保护区、矿产资源开发区等区域通过现状资料、规划等情况进行直接识别，划定保护区范围。

第三步：分区结果校核

采用数字模型+遥感影像技术，对所划定的各类功能区进行外业校核，同时进行部分核查，最后结合区域主导功能区特点，对各功能区进行人为调整，形成最终成果。

(三) 分区划分

市级层面在大的分区下划分二级类别：划定生态保护与保留区、海洋特殊保护与渔业资源养护区、永久基本农田集中保护区、古迹遗址保护区、城镇发展区、农业农村发展区、海洋利用与保留区、矿产与能源发展区等。

县级及以下层面在市级分区下划分三级类别：核心生态保护区、生态保护修复区、自然保留区、海洋特殊保护区、海洋渔业资源养护区、基本农田集中保护区、古迹遗址保护区、城市集中建设区、城镇有条件建设区、特别用途区、农业农村发展区、海洋利用区、无居民海岛利用区、海洋保留区、矿产与能源发展区等。

规划分区划分详见《市县国土空间规划分区与用途分类指南》。

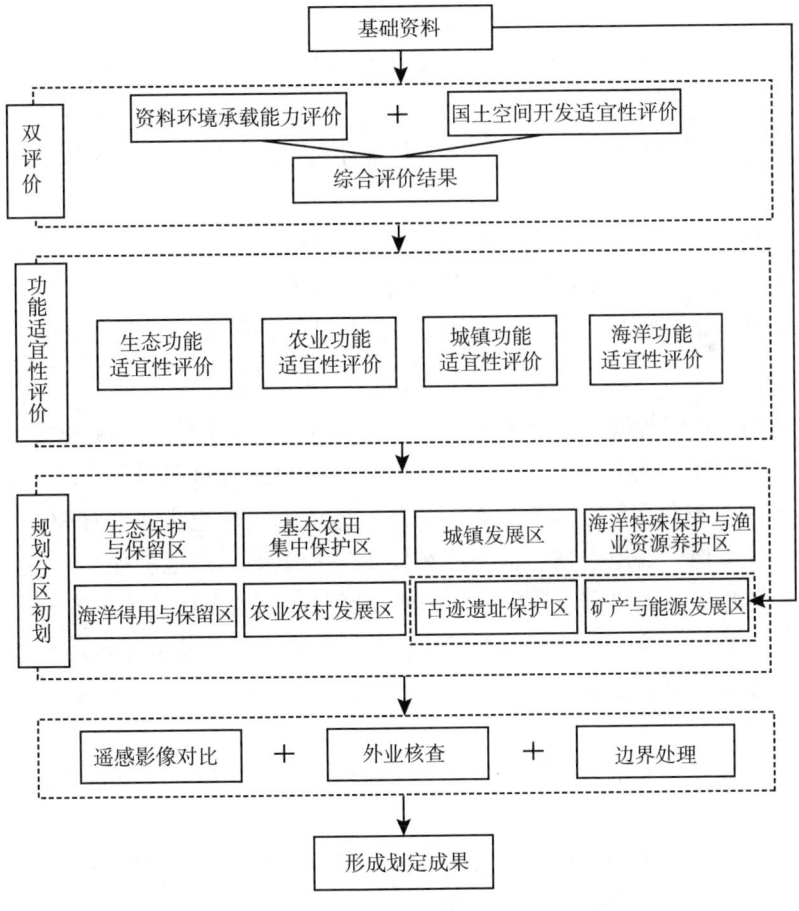

图 2-5 规划分区划定技术路线图

四、空间管制

(一) 管控体系

国土空间管控体系分全域（城市开发边界外）—片区（城市开发边界内的中心城区、

乡镇）—单元（村庄、特殊保护区）三级体系，每个分区下按照用途进行分类。国土空间规划分区与国土空间规划用途分类共同构成国土空间规划管控支撑体系，分级承接传导、细化落实规划意图和管制要求。

（二）管控内容

1. 分区管控

分区管控又分为三级：全域（城市开发边界外）—片区（城市开发边界内的中心城区、乡镇）—单元（村庄、特殊保护区）。

全域（城镇开发边界外），落实上位规划和主体功能区定位要求，在国土空间开发保护格局的基础上，划定国土空间规划基本分区，并分别明确各分区的核心管控目标、政策导向与管制规则。空间分区应做到全域覆盖但不相重叠，一经确定不得随意调整，需受到严格的制度管控，控制线的弹性调整必须在对应的分区空间内进行。城镇开发边界外不得进行城镇集中开发建设，不得设立各类开发区，严格控制边界外政府投资的城镇基础设施资金投入，仅允许交通等线性工程、军事等特殊建设项目，以及直接服务乡村振兴的建设项目等。

片区（城镇开发边界）内实行"详细规划+规划许可"的管制规则；在城镇开发边界内，建立完善与城市更新、功能转换、混合利用相关的许可制度。

自然保护地、重要海域和海岛、文物等遵循特殊保护制度。

2. 用途管控

按照当前国土空间规划用途分类指南，国土空间用途分类采用三级分类体系，共设置28种一级类、102种二级类及24种三级类。国土空间规划分区对应相应的土地用途。

（1）生态保护与保留区。核心生态保护区对应的国土用途主要有林地、天然牧草地、沼泽草地、其他草地、陆地水域、保护海域海岛、盐碱地、沙地、裸土地、裸岩石砾地、冰川及永久积雪地等及现状村庄；生态保护修复区对应的国土用途主要有林地、天然牧草地、沼泽草地、其他草地、水域、保护海域海岛、现状村庄及其他建设用地等。自然保留地对应的国土用途主要有陆地水域、盐碱地、沙地、裸土地、裸岩石砾地、其他草地、冰川及永久积雪地等。

（2）海洋特殊保护与渔业资源养护区。海洋特殊保护区和海洋渔业资源养护区对应的国土用途主要有海域海岛。

（3）永久基本农田集中保护区。永久基本农田集中保护区对应的国土用途主要有农用地及其配套农业生产服务设施、村庄等用地。

（4）古迹遗址保护区。古迹遗址保护区对应的国土用途主要有耕地、牧草地、园地、林地等。

（5）城镇发展区。城市集中建设区对应的国土用途主要有居住用地、公共管理与公共服务设施用地、商服用地、工业用地、仓储用地、道路与交通设施用地、公用设施用地、绿地与广场用地等各类城镇建设用地，以及村庄建设用地、水域、林地、耕地等用地。城镇有条件建设区对应的国土用途主要有村庄建设用地、区域基础设施用地、特殊用地等建设用地，以及水域、林地、草地等非建设用地。特别用途区对应的国土用途主要有水域、林地、园地、牧草地、文物古迹用地、其他建设用地（风景名胜区、森林公园、自然保护区等的管理及服务设施）等。

（6）农业农村发展区。农业农村发展区对应的国土用途主要有耕地、园地、林地、牧草地、村庄建设用地（农村住宅用地、村庄公共服务设施用地、村庄工业物流用地、村庄基础设施用地、村庄其他建设用地）、设施农用地等农业生产生活用地。

（7）海洋利用与保留区。海域利用区对应的国土用途主要有渔业用海、工业与矿产能源用海、交通运输用海、旅游娱乐用海、特殊用海等。

（8）矿产与能源发展区。矿产与能源发展区对应的国土用途主要有区域公用设施用地（区域性能源设施）、采矿盐田用地等。

用途分类划分详见《市县国土空间规划分区与用途分类指南》。

五、信息管理平台

信息技术的不断创新和发展是国土空间规划制度体系建立与完善的前提保障。大范围进行资源数据收集、整合与分析的难度较大，工作人员要按照相关技术标准与体系开展有关工作。另外，还要不断调整国土空间规划的体制，要收集社会民众的意见与建议，提高国土空间规划的科学合理性。

（一）整体框架

国土空间规划思路一定要坚持人性化原则，利用先进的信息技术对国土资源展开数据的全方位整合与处理。①要兼顾生态资源的完整性，这是智慧国土空间规划思路的基础内容。建立完整的生态环境保护制度，提前了解生态环境以及资源环境承载力，提高国土空间规划的合理性。在智慧国土空间规划开展过程中，要对自然中的部分资源展开有序和节制性开发，但如果发现某些地方的生态资源遭到了破坏，要对其展开有效性维护与建设。在国土空间规划的开展过程中还要坚持分区管理的思路，只有这样才能保证资源开发的合理性。②在智慧国土空间规划开展过程中，要坚持以人为本的发展理念，充分了解规划地区人们的日常活动和行为数据。对相关数据展开全面整合，既能满足人们的日常生活需求，也能符合当前地区的空间发展未来发展特征。另外，在规划中有关负责人要充分利用网络技术，听取当前区域内的民众意见，提高智慧国土空间规划的区域透明性、公开性。

（二）技术要求

首先，要将信息技术完整地融合到智慧国土空间规划中，合理利用遥感技术以及影像技术全面了解当前区域内资源分布、资源利用现状、各地区功能等。工作人员要全面收集当前区域内的资源规划数据，利用网络对资源数据的利用以及分布展开实施监控、管理。要想充分发挥遥感设备的作用，工作人员要根据人们的手机、手表等设备获取人们的日常互动行为数据，根据数据结果对国土资源的利用现状展开规划前的整合与评估。除此之外，有关负责人还要合理利用信息技术平台对其他数据进行分析，建立特色化国土规划，并完善国土规划的监管平台。

（三）制度优化

我国国土空间规划长期以来一直以政府部门为主导，以传统规划模式为引导。虽然政府部门主导的模式能够有效提高国土空间规划的统一性，但也导致社会多个主体的作用被削弱。信息化背景下，若要建立智慧国土空间规划，必须创新国土空间规划模式，让社会不同的主体共同参与到国土空间规划工作中，拓宽国土空间规划资源的来源渠道。不同社会主体的参与不仅为国土空间规划工作带来了多样化的信息渠道，而且各主体能够利用自身机构与协会的优势，展开数据资源加工、整合、治理，为智慧国土空间数据模型的建立奠定良好基础，同时也能依靠数据支持提高智慧国土空间规划工作的可靠性。社会不同主体共同参与的国土空间规划模式，需以科学高效的自然数据共享平台为基础。自然数据共享平台能实现社会不同主体国土空间规划工作内容的共享性，也能做到国土空间规划工作的统一性、数据标准性。当前我国部分省市建立了属于自己的国土空间数据共享平台，但平台的建立规模以及平台的共享程度不同，导致数据无法实现统一性标准化管理。一旦数据资源不一致，以数据为基础的预警监测体系、监测系统准确性、高效性会受到严重影响。由此可见，完善国土空间规划相关制度，建立统一的数据资源规范标准，对于智慧国土空间工作尤为重要。

（四）信息化背景下智慧国土空间规划方法

1. 数据驱动

要想提高智慧国土空间规划的合理性，必须依靠科学完整的数据。近年来，我国各项移动设备的成熟与完善，为数据的收集和整理提供了基础。有关工作人员能够收集和分析数据的动态变化对大众行为活动展开预测与管理，将这些数据内容融入国土空间规划中，能有效提高国土空间规划的人性化。另外，合理利用GPS、GIS、云计算等技术进一步优化国土空间规划的要素信息，提高了国土空间规划的可视性，为国土空间规划方法的创新与发展创造了可能。

2. 协同规划

协同规划是在城市规划、土地规划基础上形成的，它主要是指各产业布局之间的协调发展。技术的出现实现了数据、空间坐标等内容的统一性与共享性，这为智慧国土空间规划提供了科学完整的信息数据服务。协同规划包含的内容非常多，例如资源信息管理、项目审批管理、技术数据处理等，这些内容的有机结合优化了各部门之间的联动性，同样也提高了智慧国土空间规划管理工作的实时性。另外，以空间位置为基础，合理利用GIS、BIM、物联网、互联网等内容，能完整有效地构建出城市模型平台，合理分析城市空间的各单位功能与信息，提高国土空间规划的协同管理。

3. 动态监测系统

动态监测系统的构建能够帮助有关人员实时掌握国土空间规划的发展情况，并为后续工作提供依据。国土空间规划所包含的内容非常多，在规划实施过程中很容易出现方案偏差，通过对比数据能够提示调整规划中的不合理，实现国土空间规划的发展长久性。此外，国土空间规划动态监测系统的建立还有利于提高国土空间的安全性。信息化背景下，智慧国土空间规划的动态监测系统应当建立在完整的信息平台上。动态监测系统是信息平台中多个数据内容的融合分析结果，对数据信息进行融合分析之后，按照相应的等级进行划分，得到完整的综合评价体系，而后根据综合评价体系对数据内容展开结果评定。此外，与动态监测系统相辅相成的是国土空间资源共享平台，动态监测系统中的信息会自动上传到共享平台中，通过完善过程平台的机制，打破各部门之间的束缚、限制，能够根据当前地区的规划、地理信息建立标准化的定量分析模型。

第三章 国土空间规划用地分类标准研究

第一节 研究综述

一、研究背景

随着空间规划体制改革深入推进，党和国家机构改革全面完成，以自然资源管理部门为主的国土空间规划管理体制全面建立。其重要职责之一就是统一行使所有国土空间用途管制和生态保护修复职责，着力解决自然资源所有者不到位、空间规划重叠等问题。国土空间规划是自然资源管理的龙头，在自然资源管理中起到统领的作用，从自然资源部成立、部主管部门主持召开多项座谈会，到调研等一系列活动可以看出，建立统一的空间规划体系、探索"多规合一"模式下的国土空间规划编制已成为自然资源部门开展新工作的重要抓手。

用地分类标准是编制各种空间类规划的重要基础性依据，也是统一空间规划体系的重要技术前提。由于规划体制、法规标准等原因，我国土地规划及城乡规划之前隶属于两个部门，考虑管理需求，两个部门分别制定了不同的用地分类标准，并在各自规划体系下实施。长此以往，导致在同一空间区域中不同规划对于同一用地的属性定义不一，尤其是土地利用规划（以下简称"土规"）与城乡规划（以下简称"城规"）在土地利用上的诸多矛盾，引起了"两张皮"现象，给规划的实施和管理工作带来极大困难。同时还削弱了"土规"与"城规"在土地利用和城乡建设发展上的权威性，造成了生态、耕地时有侵扰，城市建设用地规模屡屡突破规划限制，土地用途管制落实不力，土地违法屡禁不止等问题。因此，研究空间规划用地分类标准，建立科学合理的土地利用分类体系，正确划分用地类型，明确用地的唯一属性，是解决空间矛盾的基础前提。

二、研究主旨

用地规划作为传达空间规划管控目标的重要载体，反映了规划控制用地的目标。不同的空间性规划为实现自身的空间规划管控目标，构建了不同的用地分类标准，导致了以城规和土规为主的空间规划之间用地属性、规模及布局不一致，并成为建设用地项目落地难、用地规划频繁调整、生态空间破碎化的重要原因。用地规划的"合一"是推动空间规划改革的关键，而其前提是用地分类标准的统一。本书就我国"两规"用地分类现状、存在问题、本质差异及协调路径进行分析，在此基础上提出我国国土空间规划用地分类标准整合的方案与建议，旨在解决我国国土空间规划中多规冲突及用地差异矛盾问题，确保土地规划属性唯一，为实现"一本规划、一张蓝图"的国土空间规划编制提供技术支持。

三、研究内容

（一）研究范畴

根据规划管理部门设置和职能划分，空间性规划主要以主体功能区规划、城规、土规和环境保护规划等四类规划为主，还涉及农业、林业、水利、交通、工信、文物、旅游、民政、测绘等部门部分空间要素落地的专项规划。而各类空间性规划中涉及用地分类的主要是土规和城规，因此本书涉及用地分类标准研究的范畴为土规和城规（以下统称为"两规"）。

（二）研究内容

本书从"两规"标准的制定背景、标准内容、法律依据等表面解析其差异，提出两部门用地分类标准的不协调问题，借鉴相关的研究成果和经验，提出用地分类标准统一的原则、方法及内容，以提高土地分类标准的科学性、系统性和严肃性。

（1）对"两规"用地分类标准的发展演变进行梳理，并对"两规"现行用地分类标准进行解析。

（2）从法定依据、目标和内容等方面对"两规"规划体系下各用地分类标准进行对比研究。

（3）从规划管理、法规体系等多方面探究"两规"用地分类标准产生差异的原因。

（4）综合以上分析内容，梳理出国土空间规划用地分类标准的协调统一思路，并提出具体建议。

第二节　"两规"用地标准解析

一、规划体系

（一）城乡规划

依据《中华人民共和国城乡规划法》（以下简称《城乡规划法》），我国的城乡规划体系由城镇体系规划、城市规划、镇规划、乡规划和村庄规划共同组成。城市规划、镇规划分为总体规划和详细规划。详细规划分为控制性详细规划和修建性详细规划。

2019年4月23日第十三届全国人民代表大会常务委员会第十次会议修改的《中华人民共和国城乡规划法》为城乡规划的基本法律，建设部颁发的《城市规划编制办法》是城乡规划实施的依据。

1. 城镇体系规划

城镇体系规划为规划主管部门在调节城市和乡村发展以及统筹各类资源的分配上提供

依据，但由于其在实际编制中没有使用到用地分类标准，故本书不予研究。

2. 城市规划

作为城乡规划体系中的重要空间规划，其内容是研究城市未来发展、合理布局城市功能及各项工程，并在规划期限内使城市在各方面达到规划的预期，明确城市总体发展方向、规模和性质。

城市规划技术标准方面，自1991年3月正式实施的《城市用地分类与规划建设用地标准》（GB J137—90）（以下简称《用地标准》）是我国指导城市规划用地分类的第一部国家标准，2008年《城乡规划法》正式实施后，《用地标准》不能适应城市规划的发展，2011年修编了《城市用地分类与规划建设用地标准》（GB 50137—2011）（以下简称《用地标准》修订版），该标准体现了《城乡规划法》中城乡统筹的基本理念，增加了城乡用地分类，并逐步和土地利用规划的相关标准对应。

3. 镇规划

镇是城市和乡村连接的重要节点，在城乡规划体系中起着承上启下的作用。镇规划包括总体规划和详细规划，2007年5月1日施行的《镇规划标准》是镇规划的核心技术标准，其用地分类标准是以1990年版的《城市用地分类与规划建设用地标准》为基础制订，与后来的《用地标准》修订版差异较大。

4. 乡规划和村庄规划

依据《城乡规划法》，两个规划在乡层面和村庄层面是城乡规划体系在农村的主要规划，其主要依据的技术标准为住建部印发的《村庄规划用地分类指南》（以下简称《指南》）。

（二）土地利用规划

土地利用规划是对一定区域未来土地利用的计划和安排，是区域社会经济发展和土地利用的综合经济技术措施。我国现行的土地利用规划体系由土地利用总体规划、详细规划和专项规划三个层次组成。为了便于编制规划和实施规划，总体规划又分为全国、省、市、县、乡五级，近年来，为了更好地统筹村土地利用，协调村庄生产、生活和生态用地需求，国家部委在部分地区试点开展村庄土地利用规划，各级土地利用规划之间存在相互联系和相互补充的错综关系，上一级规划对下一级规划起着指导管控作用，而下一级规划对上一级规划存在反馈作用。现行的主要规划法规依据为2004年修编的《中华人民共和国土地管理法》（以下简称《土地管理法》）和2017年颁布的《全国土地利用总体规划纲要（2016—2030年）》。

二、城乡规划用地分类标准解析

（一）城乡规划用地分类标准

本书涉及的城乡规划包括城市规划、镇规划、乡规划和村庄规划，其依据的标准主要有三个：《用地标准》修订版、《镇规划标准》（GB 50188—2007）以及2014年住建部印发的《指南》。

《用地标准》修订版新增城乡用地分类，共分为 2 大类、9 中类、14 小类，体现了城乡统筹的理念。

《镇规划标准》在对旧版的《村镇规划标准》进行修订的基础上产生，其适用范围包括全国县级人民政府驻地以外的镇规划，同时乡规划也可按此标准执行。其中规定镇用地按土地使用的主要性质划分为 9 大类、30 小类。

2014 年《指南》的印发填补了村庄层面的空缺，住建部规定各地应当依照《指南》要求规范村庄规划编制，加强农村建设规划。编制村庄规划，用地分类一般采用《指南》中类，根据需要可采用小类，可因地制宜采用该《指南》全部或部分用地类别。

（二）《城市用地分类与规划建设用地标准》（GB 50137—2011）解析

1. 成因背景及依据

2007 年国务院第 199 次会议形成了《有关贯彻落实国务院有关促进节约集约用地的通知》，该通知要求从严控制城市用地规模，加快城市规划相关技术标准的制定和修改，以促进城市用地的合理化和科学化，保障城市与乡镇统筹发展。2008 年实施的《城乡规划法》明确了城乡规划工作中"城乡统筹"的新要求和"依据标准规范进行规划"的原则，提出覆盖城乡的规划体系，上述这两个方面共同构成了《城市用地分类与规划建设标准》修改背景，并且是《用地标准》修订版修改的推动力和坚实保障。

2. 用地分类简介

为了清晰地表达和反映城市用地使用政策和布局安排，《用地标准》修订版分类基本按土地使用的主要性质进行分类和命名，其用地分类包括了城乡用地分类、城市建设用地分类两个部分，采用大类、中类和小类三级分类体系。其中城乡用地共分为 2 个大类、9 个中类、14 个小类，城市建设用地共分为 8 个大类、35 个中类、42 个小类。

3. 主要内容变化

《用地标准》修订版对原标准进行了结构性调整，在具体内容方面，着重体现在对相关的概念划分和内涵的改变。在概念方面，增加"城乡用地分类与代码"，包括城乡居民点建设用地、区域其他用地、非建设用地等；在内涵方面，对居住用地、工业用地、市政设施用地、绿地与广场用地等小类进行了调整。除此之外，《用地标准》修订版还考虑到市场性和公益性，对原标准中的"公共设施"重新进行了定义，例如将医院、学校、体育设施等涉及民生设施的用地划为公共管理与公共服务设施用地，而将商业、娱乐、市场等经营性的用地划为商业、商务、娱乐等用地。

4. 优化及问题

（1）《用地标准》修订版适应了当前我国市场经济条件的发展，针对政府职能转变及城市发展转型，在调控城市空间资源、协调各方利益、维护社会公平、促进城乡统筹发展等方面，起到了发挥城市规划公共政策调节的技术支撑作用。

（2）《用地标准》修订版更加强调与《土地利用现状分类》之间的衔接。在对《土地利用现状分类》一级类名称和包含内容进一步甄别的基础之上，《用地标准》修订版在同等含义的地类上尽量与前者相互衔接，以利于城乡规划在基础数据调查时提高统计工作效率。

（3）在"城市建设用地"方面，优化了其指标统计标准。"城乡用地分类和代码"中将服务于比城市更大范围的几类用地从"城市建设用地"中分离出来，这一改变使得《用地标准》修订版更加适用于现今规划发展特点。

《用地标准》修订版提出了分层次控制的方法，即按照规划的空间层次将城市建设用地与镇、乡、村庄的建设用地设为平行类别，以便能与城乡规划体系保持较好的衔接。但是，这也在客观上产生了不同层级用地分类在同一城市空间层面上表达时的衔接和协调问题。

（三）《镇规划标准》（GB 50188—2007）解析

1. 成因背景及依据

随着我国城镇化推进，小城镇快速发展，原有的镇规划理论指导已不能适应村镇快速发展的势头，为了保证镇规划的水平与质量，促进我国城乡经济、社会和环境的协调发展，2007年在原有《村镇规划标准》的基础上，出台了针对小城镇的《镇规划标准》，并于同年5月实施。不同于《用地标准》修订版，《镇规划标准》包含技术标准和编制办法两部分，而用地分类标准是其中的组成内容之一。其具体分类体系延续《村镇规划编制办法》，同时结合旧版地类划分体系进行调整，这就在用地分类上与《用地标准》修订版存在较大差异。

2. 主要内容变化

《镇规划标准》（GB 50188—2007）中与用地相关的内容集中于第四部分的用地分类和计算，由于编制时间关系，镇规划标准中关于镇用地的分类沿用城市用地分类标准修订之前的形式，公益性与商业性公共设施没有分开，均位于C类公共设施用地，其用地共分为9大类30小类，增加有防灾设施用地和保护区用地。

3. 相关问题解读

与《用地标准》修订版专门适用于用地分类的标准不同的是，《镇规划标准》（GB 50188—2007）涵盖了镇规划编制所需要的技术准则及编制方法，用地分类仅为其中的一部分内容，是在《村镇规划标准》基础上修订的。《用地标准》修订版总则中规定本标准适用于城市、县人民政府所在地镇和其他具备条件的镇的总体规划和控制性详细规划的编制，用地统计和用地管理工作，这就导致对于部分建制镇的规划可适用城市分类标准和镇规划标准，两个标准在适用范围上出现交叉重叠。

（四）《村庄规划用地分类指南》解析

1. 成因背景及依据

2007年《村镇规划标准》废止，2007年版《镇规划标准》（GB 50188—2007）颁布后，其适用范围并不包括村庄，导致在国家层面，一定时期内村庄规划没有明确的用地分类标准指导，部分省市依据相关情况编制了村庄规划技术导则。为了规范乡村规划的编制，进一步加强规划建设管理，促进乡村经济、社会和环境的协调发展，2014年7月，住建部印发了《指南》，用于指导村庄的规划编制、用地统计和用地管理工作。

2. 主要内容解读

《指南》是国家在编制正式的"村庄规划用地分类标准"之前的一个指导性标准文件，旨在弥补村庄规划中缺乏国家用地分类标准的空白。该《指南》将村庄用地划分为村庄建设用地"V"、非村庄建设用地"N"及非建设用地"E"共三大类。其中村庄建设用地V对应"城乡用地分类和代码"中的H14村庄建设用地，非村庄建设用地对应"城乡用地分类和代码"的H类中除村庄建设用地外的建设用地，非建设用地E对应"城乡用地分类和代码"中的非建设用地E。在相似含义的用地分类上，基本与《用地标准》修订版城乡用地分类标准及《土地利用现状分类》相衔接。

三、土地利用规划用地分类标准解析

土地利用规划采用了现状用地统计与规划用地分类分离的方式进行用地类型划分，标准分别为《土地利用现状分类》和"土地规划用途分类及含义"（《市县乡级土地利用总体规划编制指导意见》中提出），两者分类均以《土地管理法》中对于用地划分原则为依据，但《土地利用现状分类》中对于用地的定义、分类更加详细、具体，而"土地规划用途分类及含义"在与城乡规划中的城市、镇及乡村的用地相协调、城乡统筹等方面做得更好，两者之间可按照不同地类级别进行转换。

（一）土地利用现状分类

1. 成因背景

自20世纪80年代起，我国开展了大规模的土地利用分类的系统研究。国土部门先后颁布了《土地利用现状调查技术规程》《城镇地籍调查规程》《全国土地分类（试行）》。伴随着第二次全国土地调查逐渐深入进行，土地利用规划的第一个关于用地分类的国家标准《土地利用现状分类》也随之产生，并于2017年重新修订《土地利用现状分类》（GB/T 21010—2017）。

2. 内容解读

土地利用现状分类严格按照分类学和土地管理的要求进行土地利用现状类型的划分和归纳：一是按照类型的唯一性进行划分；二是按照土地利用方式、土地用途、覆盖特征和经营特点4个主要指标进行土地分类，采用的是单一的分类指标进行各级土地类别的划分。

修编后的《土地利用现状分类》秉持满足生态用地保护需求、明确新兴产业用地类型、兼顾监管部门管理需求的思路，完善了地类含义，细化二级类划分。二级类由57个变为73个，主要增加林地二级类划分，同时对商业、工矿、住宅、公共管理与公共服务等建设用地的二级类细化，与城乡规划的《用地标准》修订版基本建立了一对一或多对一的对应关系，为"两规"建设用地标准协调奠定了基础。

(二) 土地规划用途分类及含义

1. 成因背景

土地规划用途分类及含义不是单独一个规范标准，而是以附录形式出现在乡（镇）级、县级和市级的土地利用总体规划编制规程中，是在参照《全国土地分类（过渡期适用）》和《土地利用现状分类》两个标准的基础上，以《土地管理法》为基本依据分为三个一级类，延续了《土地管理法》中三大类的分类，对于规划而言，更加强调土地管理，同时保持与《土地利用现状分类》的衔接关系。

2. 内容解读

相对于《土地利用现状分类》而言，土地规划用途分类及含义更侧重于对规划层面城乡用地的控制，从土地利用规划的角度出发，加强对建设用地中类的区分，将城乡用地单独设立种类，加强了与城乡规划体系的联系。

土地规划用途分类及含义采用三级分类体系，主要有以下特点：一是强调分类的连续性，该分类标准在于《土地利用现状分类》相互之间的转化中，具有良好的延续性；二是强调基本农田的保护，该分类标准承接了《土地管理法》对于基本农田保护的思想，从大类上可看出农用地在分类标准中的地位，与城乡规划不同的是"土地规划用途分类及含义"中的建设用地划分的本质出发点是对建设用地的控制，而对农用地则分类更为详细。

第三节 "两规"用地分类标准差异分析

一、"两规"规划管理体系

2018年3月之前，"两规"分属于住建部和国土部。2018年3月第十三届全国人民代表大会第一次会议批准的国务院机构改革方案提出设立自然资源部，将原住建部的城乡规划管理职责，国土部的职责归入自然资源部，但新部门对"两规"中的标准差异问题尚未出台明确的办法，因此，本书仍然就"两规"各自管理体系下形成的标准体系进行分析。

（一）"两规"标准在管理体系上的差异

由于两部门管理导向等不同，在编制各自规划标准上不仅体现在标准内容的不同，同时也体现在各自规划编制过程中对标准运用的差异，"两规"的相关标准在编制过程中更多考虑各自规划在实际应用中的需要。

（二）各标准的应用范围及内容侧重点不同

"两规"用地分类标准具有不同的应用范围，因而具体地类划分有所不同，这就加大了相互协调的难度。城乡规划体系中《用地标准》修订版和《镇规划标准》（GB 50188—2007）在非县级人民政府所在地镇规划中有所重叠。其规定适用范围中"其他具备条件的镇"体现了因地制宜、视具体情况而定的意图，但是在具体操作时，很难去界定是否具备条件；《指南》则用于指导各地村庄的规划编制、用地统计和用地管理等工作。这几个标准的用地范围涵盖了城乡规划体系所包含的所有范围。

《土地利用现状分类》中规定适用于土地调查、规划、评价、统计、登记及信息化管理等工作，即"所见即所得"，反应的是土地的现实状况，而非土地的功能潜力，土地规划用途分类及含义属于《市县乡级土地利用总体规划编制指导意见》中的内容，是为了更好开展现实土地利用总体规划工作，更体现出土地规划与建设管控的思想。

此外，在标准的内容方面，城乡规划体系下各标准是基于城市的建设与发展，因此其在内容上往往对于建设用地的划分更为详细，而在非建设用地，特别是农用地的分类说明上较为简单。而土地利用规划体系下的《土地利用现状分类》则不同，它侧重于土地的综合利用与耕地保护，对类似耕地、林地、园地和草地的非建设用地划分更为细致，土地规划用途分类及含义则兼顾建设用地与非建设用地的划分，对于非建设用地比城乡规划体系下标准更详细，而建设用地划分则从建设控制出发，与城乡规划标准衔接，但仍然不够完善。

二、"两规"用地分类标准的法定依据

（一）法定依据的要求差异

城乡规划和土地利用规划的法规体系均遵循着我国法律、法规的体系标准，虽然各法规中不会直接规定具体的用地分类，但通过分析各层次法规依据中与土地相关的内容可以发现，由于出发点和侧重点不同，从而得到法律、法规、规章及条例等对于不同性质用地的要求不同（见表3-1）。

表3-1 "两规"的主要法定依据及用地相关内容概要一览表

类型	名称	内容
法律	《中华人民共和国城乡规划法》（2008）	城市总体规划、镇总体规划以及乡规划和村庄规划的编制，应当依据国民经济和社会发展规划，并与土地利用总体规划相衔接。在乡、村庄规划区内进行乡镇企业、乡村公共设施和公益事业建设以及农村村民住宅建设，不得占用农用地；确需占用农用地的，应当依照《中华人民共和国土地管理法》有关规定办理农用地转用审批手续后，由城市、县人民政府城乡规划主管部门核发乡村建设规划许可证
	《中华人民共和国土地管理法》（2004）	国家编制土地利用总体规划，规定土地用途，将土地分为农用地、建设用地和未利用地。严格限制农用地转为建设用地，控制建设用地总量，对耕地实行特殊保护 农用地是指直接用于农业生产的土地，包括耕地、林地、草地、农田水利用地、养殖水面等；建设用地是指建造建筑物、构筑物的土地，包括城乡住宅和公共设施用地、工矿用地、交通水利设施用地、旅游用地、军事设施用地等；未利用地是指农用地和建设用地以外的土地。严格保护基本农田，控制非农业建设占用农用地

续表

类型	名称	内容
法律	《中华人民共和国城乡规划法》（2008）	城市总体规划、村庄和集镇规划，应当与土地利用总体规划相衔接，城市总体规划、村庄和集镇规划中建设用地规模不得超过土地利用总体规划确定的城市和村庄、集镇建设用地规模
法律	《中华人民共和国物权法》（2007）	国家对耕地实行特殊保护，严格限制农用地转为建设用地，控制建设用地总量。不得违反法律规定的权限和程序征收集体所有的土地建设用地使用权人应当合理利用土地，不得改变土地用途；需要改变土地用途的，应当依法经有关行政主管部门批准
行政法规	《基本农田保护条例》（2011）	县级和乡（镇）土地利用总体规划应当确定基本农田保护区。根据土地利用总体规划，铁路、公路等交通沿线，城市和村庄、集镇建设用地区周边的耕地，应当优先划入基本农田保护区
行政法规	《村庄和集镇规划建设管理条例》（1993）	村庄、集镇规划的编制，应当合理用地，节约用地，各项建设应当相对集中，充分利用原有建设用地，新建、扩建工程及住宅应当尽量不占用耕地和林地
行政法规	《中华人民共和国土地管理法实施条例》（1999）	依照《中华人民共和国土地管理法》规定，土地利用总体规划应当将土地划分为农用地、建设用地和未利用地 农民集体所有的土地依法用于非农业建设的，由土地使用者向土地所在地的县级人民政府土地行政主管部门提出土地登记申请，由县级人民政府登记造册，核发集体土地使用权证书，确认建设用地使用权

（二）法定依据的内容体现

通过对各法定依据中与用地相关条文的梳理，了解各法定依据对不同的用地类型的侧重，从而理清法定依据方面对各标准地类的划分产生影响（见表3-2）。

表3-2 各标准对法定依据的内容体现汇总表

用地分类标准	标准中具体内容对于法规依据的体现	法定依据名称
《城市用地分类与规划建设标准》	总体分类体系体现《中华人民共和国城乡规划法》中对于城乡统筹的要求，分为"城乡用地分类"和"城市建设用地分类"两大部分。村庄建设用地指农村居民点的建设用地，与"农林用地"分开，体现出法规中强调的不得占用农用地	《中华人民共和国城乡规划法》（2008）
《城市用地分类与规划建设标准》	"农林用地"与"村庄建设用地"分别设置在E类（非建设用地）和H1类（城乡建设用地）中，明确规范其不同的概念，在用地标准方面防止非法侵占农田的行为	《基本农田保护条例》（2006）

续表

用地分类标准	标准中具体内容对于法规依据的体现	法定依据名称
《镇规划标准》	《镇规划标准》中用地分类部分首先体现出条例中合理节约用地的理念；其次将非建设用地中"农林用地"和"未利用地"单独划类，体现出条例中对新建、扩建工程尽量不占用耕地和林地的要求	《村庄和集镇规划管理条例》（1993）
	分类体现城乡统筹思想，与《用地标准》修订版有良好对接。"村庄建设用地"分为五中类，涵盖2008年1月颁布实施的《中华人民共和国城乡规划法》中所涉及的村庄规划用地类型	《中华人民共和国城乡规划法》（2008）
《村庄规划用地分类指南》	按照《中华人民共和国土地管理法》规定，村庄用地既包括农民集体所有，也包括"法律规定属于国家所有"的用地，在实际操作中两种类型用地的管理机制、建设主体不同。为区别非村庄建设用地与村庄集体建设用地实际管理和使用的差异，将"村庄其他建设用地"做一个大类单列 "水域"包括"自然水域""水库"和"坑塘沟渠"三小类，分别属于《中华人民共和国土地管理法》中"三大类"的未利用地、建设用地、农用地，意在突出水域本身在规划中所起到的生态、生产以及防灾方面的作用	《中华人民共和国土地管理法》（2004）
	分类中将农用地和非农利用地划分详细，体现出《中华人民共和国土地管理法》对基本农田保护的要求。各地类的具体内涵与《中华人民共和国土地管理法》中相关要求相统一	《中华人民共和国土地管理法》（2004）
《土地利用现状分类》	分类标准中体现了对基本农田保护的要求。标准中深度体现了建设用地和非建设用地的划分标准	《中华人民共和国物权法》（2007）
	分类标准体现了《中华人民共和国农村土地承包法》中对于农村用地的定义及保护要求，分别对耕地、草地、林地这几类在法律中确定为农村土地的用地类型进行了详细划分定义	《中华人民共和国农村土地承包法》
	分类标准通过对林地、耕地、园地等地类的详细划分，明确了对基本农田在标准层面的详细定义	《基本农田保护条例》（2006）
《土地规划用途分类及含义》	作为《市县乡级土地利用总体规划编制指导意见》中的一部分，其分类采用与《中华人民共和国土地管理法》相衔接的三级分类模式	《中华人民共和国土地管理法》（2004）

第四节　统一国土空间规划用地分类标准的思路

一、统一用地分类标准的必要性

（一）有利于形成统一的空间规划基础数据平台

规划用地分类是实施土地用途管制和用地规模调控的技术基础。在各地"两规协调""三规合一"或"多规合一"的实践中，首先解决的技术问题应是统一和协调用地分类标准。只有对用地分类标准进行整合，制定统一的空间规划用地分类标准，才能实现真正的信息共享与互通，构建共同的规划话语体系，才能有效解决土地规划和城乡规划的建设用地规模、边界与属性冲突等问题，才能实现空间规划的共同编制与共同管治，从而达到对土地资源的有效调控。

（二）有利于构建完善的空间规划用地指标体系

各类空间性规划基于各自出发点及目的构建起适用于自身的用地调控指标体系。土地利用总体规划侧重总量调控，达到以供给引导需求的目标；城市总体规划重点关注的是城市建设用地内部结构的合理性，指标具有较大的弹性，对城市用地规模的管控力度不严。两类规划各有利弊，而通过整合用地分类标准，打通各类空间规划之间规划调控指标对接的障碍，以构建更完善的用地调控指标体系，有利于协调城乡生态、农业和城镇用地空间布局，增强对建设用地规模及结构的管控。

（三）有利于实现"一本规划、一张蓝图"

通过用地分类标准的整合统一，促进空间规划的编制，形成用地布局和空间管制的"一张蓝图"，并通过统一的信息平台，促进各空间规划管理部门的及时沟通与交流，共享基础数据、技术体系和编制信息等，使各类空间规划做到真正地融合，避免用地规划直接冲突，从而减少因空间规划用地布局冲突导致的规划调整，树立空间规划严肃性及权威性。

二、统一用地分类标准的基础条件

（一）相关标准已逐步对接

虽然标准的统一受到法规体系等的制约，但通过分析发现，近年来两个规划主管部门出台的标准修订都是在考虑到对方规划的基础上进行的，如《用地标准》修订版是在相似含义的地类定义上，尽量与《土地利用现状分类》相互衔接；同样土地利用规划主管部门在修订标准时也考虑到城市规划工作的需要。虽然在很多地方仍存在问题，但两个规划主管部门逐渐考虑到标准衔接的问题，并各自采取措施进行修订衔接，仍然相互独立，没有形成编制过程上的统一。

（二）各标准的分类相互联系

"两规"体系下各用地分类标准相互独立，地类划分方面因应用范围和目标而各有特点，但在总体原则上都体现了城乡统筹的概念（见表3-3）。

表3-3 "两规"各标准分类对比表

规划体系	标准名称	分类特点	相通之处
城乡规划	《城市用地分类与规划建设用地标准》（GB 50137—2011）	采用三级分类体系，体现城乡统筹原则，实现空间全覆盖	除《镇规划标准》编制时间较早以外，其他的几个标准都兼顾城乡整体用地，体现城乡统筹的思想。城乡规划中在乡、村级别更多考虑对农用地的保护，这点与《土地利用现状分类》相统一。《城市用地分类与规划建设用地标准》与土地规划用途分类及含义在城乡用地分类上分级一致，更明确统一
城乡规划	《镇规划标准》（GB 50188—2007）（用地分类部分）	采用旧的二级分类体系，重点用于镇现状用地性质统计及规划用地布局	
城乡规划	《村庄规划用地分类指南》	采用三级分类体系，与《城市用地分类与规划建设用地标准》（GB 50137—2011）相同，侧重指导村庄用地具体地块的利用布局，同时考虑到《土地现状分类》相关地类划分情况	
土地利用规划	《土地利用现状分类》	采用二级分类体系，地类含义概括性强，重点关注分类的连续性，强调对农用地，特别是耕地的保护，强调对城乡用地的控制	
土地利用规划	土地规划用途分类及含义	采用三级分类，相比现状分类，加强对建设用地的分类与表述，同时兼顾非建设用地	

（三）村庄层面标准的关注度相似

无论是城乡规划体系下的《村庄规划用地分类指南》，还是土地利用规划中的《土地利用现状分类》，这两部标准在内容上都体现着对农用地，特别是耕地的保护。因此，在村庄层面两个规划体系下的用地分类标准有着较好的协调基础。

三、统一用地分类标准的基本思路

（一）空间规划体系要求

从"两规"差异探究可知，"两规"用地分类标准的差异原因较为复杂，其目标和内容的差异是直接原因，还有体制原因、法规原因、工作方法原因等。因此，要建立统一的空间规划用地分类标准，除了解决上述原因之外，最重要的是要与空间规划体系相对应。根据目前空间规划试点及我们实践总结，结合国土空间规划体系及技术路径要求，国土空间规划用地分类标准不可能是多个用地分类标准，而应该是与国土空间规划体系相对应的统一的一个标准体系，即统一空间规划用地分类应与国土空间规划体系相适应，并服务保障空间规划用地定性实施。

（二）空间规划用地分类标准统一思路

"两规"在城市、镇、乡和村庄中不仅相互存在差异，自身规划目标和要求也不尽相同。结合国土空间规划的基本体系要求，"两规"用地分类标准的统一上基本思路为：

基于"两规"现有的各类用地分类标准，立足于解决"两规"用地标准差异的现实问题，围绕构建国土空间规划体系要求，坚持"全域统一、分层协调、分类管控"原则，采取"统一协调、分层对应、衔接合一"方法，构建统一国土空间规划用地分类标准体系，为国土空间规划编制，空间用途管制，实现"一本规划、一张蓝图"奠定基础。

1. 建立全域统一的空间用地分类标准体系

土地利用地类、城乡规划地类是较为成熟的地类体系，两者较好地兼顾了土地的经济社会属性与自然属性，因此，本书统一的国土空间规划用地分类标准体系是以土地利用总体规划编制规程中的"土地规划用途分类及含义"以及城乡规划中的《用地标准》为基础，其他部门地类体系充分衔接，如国土调查土地分类，兼顾管理实际需要，进行统一构建。该用地分类针对规划的全域空间的用地分类与管控，修编完成后可替代《市县乡级土地利用总体规划编制指导意见》中的"土地规划用途分类及含义"以及城乡规划中的《用地标准》及国土调查用地分类等各专项用地分类标准，即一个国土空间内为唯一一个国土用地分类标准。

2. 建立分层对应的空间用地分类标准体系（见图3-1）

在城乡规划体系中，规划分为总体规划、详细规划（控制性详细规划和修建性详细规划）两个层次，国土空间规划既要实现全域管控，又要保证规划的落地实施，其用地分类标准体系应以城乡统筹为基础，将空间规划用地标准以两个层次进行统一。其中第一层次为空间规划用地分类标准（全域空间）；第二层次为城乡建设用地（开发边界以内），包括城市、镇、乡及村庄建设用地的管控，即该层次以衔接城市建设用地分类、镇用地分类及村庄规划用地分类标准为主。

分层对应的用地分类标准，以《用地标准》修订版中的"城市建设用地分类和代码"、《镇规划标准》（GB 50188—2007）中的"镇用地的分类和代码"、《村庄规划用地分类指南》中的"村庄规划用地分类和代码"为主，结合《土地利用现状分类》明确部分地类的含义及特征，其重点在城乡规划体系内部的标准衔接与完成。

3. 建立分类管控的空间管控体系

结合国土空间规划用地分类体系，明确土地的唯一属性，考虑主体功能区划、生态功能区划、土地利用总体规划、城市总体规划侧重需求，划定不同的空间管控区域，并依据

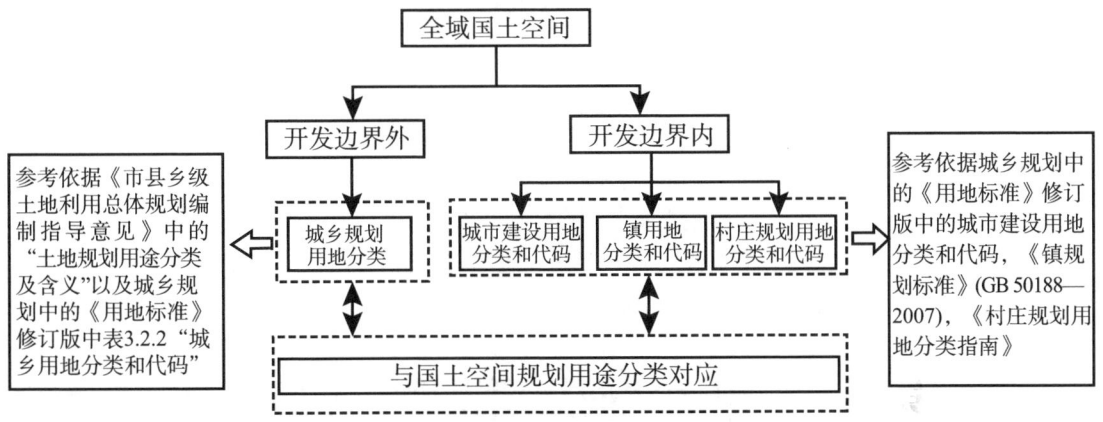

图 3-1 国土空间规划用地分类体系

各个区域的主要用地属性，从保护生态，合理利用、永续利用的原则出发，明确准入的城乡建设、农业生产和资源开发活动规定区域允许的相关规模、强度和环境保护等方面的要求。同时，突出不同层级用地管控要求，建立全域空间的分类管控体系。

四、统一用地分类标准的方法途径

统一用地分类标准应以国土空间规划为契机，通过管理方式、规划体系、法规依据、工作方式等方面实现空间规划用地标准的统一。

（一）管理体系的统一

"两规"规划管理体系的不同，是导致"两规"用地分类标准差异的主要原因之一，自2018年自然资源部成立起，原住建部的城乡规划管理职责，自然资源部国土部的职责归入自然资源部，标志着"两规"管理体系统一，从根本上消除了因管理体制导致标准差异的问题，使得统一空间规划用地分类标准只是时间问题。

（二）规划体系的统一

国土空间规划是合理利用和保护各类自然资源的载体和前置条件，同时也是国土空间用途管制的依据，未来的空间规划将是以国土空间规划为顶层设计，其他详细规划和专项规划作为补充的空间规划体系，即"五级三类"国土空间规划体系。

（三）法律依据的统一

以国土空间规划体系为基础，确定国土空间规划的法律地位，出台《国土空间规划法》，同时结合规划体系以及结构和职能的调整，对各类规划所涉及的法律法规进行修改、补充和完善，主要表现在：

明确以《国土空间规划法》为最高法律标准，对其他法规与之冲突和重复的内容进行修正、修订、废除。

对于各类规划相关的法规，并对各类规划所依据的法规相冲突的地方以《国土空间规划法》为依据进行修改，同时，对各类规划需要衔接的内容，明确衔接的范围、内容及方式。

（四）工作方式的统一

传统的规划编制工作，"两规"在各自为政的前提下采用不同的工作路径，对规划编制结果也有不同的要求。而3S等新技术的使用，对"两规"编制工作提出了更高的要求，空间规划信息平台的应用，同时也为标准协调内容的落地提供了平台。建议通过新技术的使用，借空间规划的契机，将空间类规划编制的工作方式和技术路径进行统一，结合工作方式和技术路径调整用地分类标准。

第五节 国土空间规划用地标准的建立

一、统一的国土空间规划标准体系

统一的国土空间规划标准体系是全域空间，体现的是国土空间以及城乡规划中共同关注的城乡统筹问题，因此关注的对象不在城市、镇的建设层面，而全域范围的用地分类问题，其确定的标准应该以"土地规划用途分类及含义"《用地标准》修订版中的"城乡用地分类和代码"为参考依据。

《用地标准》修订版在用地分类上分为"城乡用地分类"和"城市建设用地分类"两个部分，其中"城乡用地分类"体现了《城乡规划法》中城乡统筹的基本理念。"土地规划用途分类及含义"涵盖了适用范围内所有土地，重点体现了城乡土地统筹管理。从城乡统筹的角度来看，这两个标准有相同的目的和适用范围，但由于隶属于两个不同的规划体系，而两个规划体系所各自对于城乡用地关注的重点又不同，导致这两个标准在对重点地类的关注和细化程度上有所差异（见表3-4）。

表3-4 "城乡用地分类和代码"与"土地规划用途分类及含义"关系对比表

城乡用地分类			土地规划用途分类				说明
大类	中类	小类		三级	二级	一级	
H	—	—	建设用地	建设用地	—	2	内涵一致
H	H1	H11	城乡居民点用地	城乡建设用地	—	—	城乡建设用地包括采矿及独立建设用地，其内涵大于城乡居民点用地
H	H1	H12	城市建设用地	城镇用地	211	21	^
H	H1	H13	镇建设用地	^	^	^	^
H	H1	H14	乡建设用地	农村居民点用地	212	^	^
H	H1	—	村庄建设用地	^	^	^	^
H	H1	—	采矿用地	^	213	^	^
H	H1	—	独立建设用地	^	214	^	^
H	H2	—	区域公用设施用地	交通水利用地	—	22	内涵一致

续表

| 城乡用地分类 ||| 土地规划用途分类 ||||说明 |
大类	中类	小类			三级	二级	一级	
H	H2	H21	铁路用地	铁路用地	221	—	—	交通水利用地包括水库水面、水工建筑用地，其内涵大于区域交通设施用地
		H22	公路用地	公路用地	222	—	—	
		H23	港口用地	港口码头用地	224	—	—	
		H24	机场用地	机场用地	223	—	—	
		H25	管道运输用地	管道运输用地	225	—	—	
		—	—	水库水面	226	—	—	
		—	—	水工建筑用地	227	—	—	
	H3		区域公用设施用地	—	—	—	—	区域公用设施用地主要从用地功能的服务区域角度进行定义，土地规划中没有明确的分类及定义
	H4		特殊用地	特殊用地	232	—	—	两个"特殊用地"分类等级不一致，土规中的特殊用地内涵更广
			军事用地	军事用地	232	—	—	
			安保用地	安保用地	232	—	—	
	H5		采矿用地	采矿用地	215	—	—	内涵一致，分类等级及划分不一致
	H9		其他建设用地	其他建设用地	—	23	—	两个内涵不一致，土规中其他建设用地内涵更广，交叉包括了城规中的特殊用地
		—	—	风景名胜设施用地	231	—	—	
		—	—	特殊用地	232	—	—	
		—	—	盐田	233	—	—	
E	—	—	非建设用地	—	—	—	31	—
	E1	—	水域	—	—	31	—	对于非建设用地，两个分类侧重点不一，深度不一，土规中将农用地单独提出，并划分细致，两者最核心的矛盾在于水库在城乡用地分类中为非建设用地，在土规中为建设用地
	—	E11	自然水域	河流、湖泊水面	311 312	—	—	
	—	E12	水库	水库水面	226	—	—	
	—	E13	坑塘沟渠	—	—	—	—	
	E2	—	农林用地	农用地	—	—	1	
	E9	—	其他非建设用地	自然保留地	33	—	—	

（一）城乡规划用地分类标准——建设用地

通过城乡规划《用地标准》修订版中的"城乡用地分类和代码"和土地利用规划中的"土地规划用途分类及含义"的对比分析可以看出，两个标准中大部分地类可以较好地对应，由于城乡规划《用地标准》修订版中"城乡用地分类和代码"相对于"土地规划用途分类及含义"的地类划分更能体现城乡统筹，同时对建设用地分类也更加详细。因此，国土空间规划用地分类之建设用地以城乡规划《用地标准》修订版中"城乡用地分类和代码"的大类为基准，结合城市土地利用的特点，重构国土空间规划用地分类和代码（见表3-5）。

表3-5 国土空间规划用地分类之建设用地

土地规划分类	城乡用地分类
建设用地	建设用地
指建造构筑物、构筑物的土地。包括居民点用地、独立工矿用地、特殊用地、风景旅游用地、交通用地、水利设施用地	包括城乡居民点建设用地、区域交通设施用地、区域公用设施用地、特殊用地、采矿及其他建设用地等
空间规划技术标准中的建设用地包括城乡居民点建设用地、区域交通设施用地、区域公用设施用地、特殊用地及其他建设用地等	—

1."城乡建设用地"与"城乡居民点建设用地"

"土地规划用途分类及含义"中的"城乡建设用地"与《用地标准》修订版中《城乡用地分类和代码》中的"城乡居民点建设用地"（见表3-6）有一定的对应关系，但土地规划分类中的内涵更广；《中华人民共和国城乡规划法》没有明确乡建设用地属于城镇用地还是属于农村居民点用地，所以乡建设用地可按建设情况划入城镇用地或农村居民点用地。

表3-6 国土空间规划用地分类之城乡居民点建设用地

H1	城乡居民点建设用地	城市、镇、乡、村庄建设用地	
H1	H11	城市建设用地	城市内的居住用地、公共管理与公共服务设施用地、商业服务业设施用地、工业用地、物流仓储用地、道路与交通设施用地、公用设施用地、绿地与广场用地
	H12	镇建设用地	镇人民政府驻地的建设用地
	H13	乡建设用地	乡人民政府驻地的建设用地
	H14	村庄建设用地	农村居民点的建设用地及村庄其他建设用地（主要为未利用及其他需要进一步研究的村庄集体建设用地）

"土地规划用途分类及含义"中的城乡建设用地与城乡规划《用地标准》修订版中"城乡用地分类和代码"的城乡居民点用地相对应,其中"土地规划用途分类及含义"的城乡建设用地比城乡规划《用地标准》修订版中"城乡用地分类和代码"的城乡居民点用地多了采矿用地和其他独立建设用地,统一该分类建议参考城规的标准,将采矿用地和其他独立建设用地进行调整。同时,为体现《中华人民共和国土地管理法》中非村庄建设用地与村庄集体建设用地实际管理和使用的差异,增加农村集体建设用地(划入村庄建设用地之中)。

2. "交通水利用地"与"区域交通设施用地"

两个分类标准中对于该大类的分歧较大,主要体现在水库水面及水工建筑用地,在"城乡用地分类和代码"中将水库水面划为非建设用地,而在"土地规划用途分类及含义"中划为建设用地。

此部分用地在城乡规划《用地标准》修订版中"城乡用地分类和代码"划分为5个小类,分别对应着"土地规划用途分类及含义"中"交通与水利用地"下属的其中5个小类,除此之外还有两个小类分别是"水库水面"和"水工建筑用地"。从分类的角度,"区域交通设施用地"(见表3-7)要比"交通水利用地"更加具有针对性;从地类含义的角度,大部分都能相互对应,而城乡规划《用地标准》修订版"城乡用地分类和代码"中"机场用地"包含"民用及军民合用的机场用地",其范围要大于"土地规划用途分类及含义"的"民用机场用地"概念。因此,从分类和含义两个角度出发,建议以城乡规划《用地标准》修订版为主,同时调整"水库水面"及水工建筑用地的分类。

表3-7 国土空间规划城乡用地分类之区域交通设施用地

H2	区域交通设施用地	铁路、公路、港口、机场和管道运输等区域交通运输及其附属设施用地,不包括城市建设用地范围内的铁路客货站、公路长途客货运站以及港口客运码头
H2	H21	铁路用地	铁路编组站、线路等用地
	H22	公路用地	国道、省道、县道和乡道用地及附属设施用地
	H23	港口用地	海港和河港的陆域部分,包括码头作业区、辅助生产区等用地
	H24	机场用地	民用级军民合用的机场用地,包括飞行区、航站区等用地,不包括净空控制范围用地
	H25	管道运输用地	运输煤炭、石油和天然气等地面管道运输用地,地下管道运输规定的地面控制范围内的用地应按其地面实际用途归类

3. 区域公用设施用地

区域公用设施用地(见表3-8)主要从用地功能的服务区域而非用地性质进行定义,由于对"区域性"的判定具有一定的主观性,在土地规划分类中没有与之完全对应的地类。但是区域公用设施用地中的殡葬用地与"土地规划用途分类及含义"中特殊用地的殡葬用地对应。建议国土空间规划用地标准协调中保留城乡规划《用地标准》修订版"城乡用地分类和代码"中区域设施用地，同时将城乡规划《用地标准》修订版"城乡用地分类和代码"中区域设施用地中的殡葬用地调整为特殊用地。

表3-8 国土空间规划用地分类之区域公用设施用地

H3		区域公用设施用地	为区域服务的公用设施用地，包括区域性能源设施、水工设施、通信设施、广播电视设施、环卫设施、排水设施等用地
H3	H31	区域性能源设施用地	为区域服务的能源性设施用地，包括供水、供电、供燃气和供热等设施用地
	H32	水工设施用地	指人工修建闸、坝、堤路林、水电站、扬水站等常水位岸线以上的水工用地
	H33	其他区域公用设施用地	除以上之外的区域公用设施用地，包括通信设施、广播电视设施、环卫设施、排水设施等用地

注：此处将《用地标准》修订版"城乡用地分类和代码"中的水工设施用地与"土地规划用途分类及含义"中的水工建筑用地对应。

4. 特殊用地

注："土地规划用途分类及含义"中对于特殊用地的分类比《用地标准》修订版"城乡用地分类和代码"中的内容更广，且两个分类对于特殊用地的分类等级不一样。"城乡用地分类和代码"中特殊用地为二级分类，"土地规划用途分类及含义"中特殊用地为三级分类。

对于该地类，两个标准的定义与统计范围均不相同，"土地规划用途分类及含义"的地类含义大于《用地标准》修订版"城乡用地分类和代码"。建议以"土地规划用途分类及含义"中"特殊用地"含义为基础，将两个标准的"特殊用地"定义整合为统一的"特殊用地"（见表3-9）。

表3-9 国土空间规划用地分类之特殊用地

H4		特殊用地	指城乡建设用地范围之外，用于军事设施、安保、涉外、宗教、殡葬等特殊性质的用地
H4	H41	军事用地	专门用于军事目的的设施用地，不包括部队家属生活区和军民公用设施等用地
	H42	安保用地	监狱、拘留所、劳改场所和安全保卫设施等用地，不包括公安军用地
	H43	涉外用地	用于外国政府及国际组织驻华使、领馆，办事处等用地
	H44	宗教用地	专门用于宗教活动的庙宇、寺院、道观、教堂等宗教自用地
	H45	殡葬用地	陵园、墓地、殡葬场所用地

5. 采矿用地（见表3-10）

"两规"标准中均有采矿用地，定义一样，但分类位置不一样，"土地规划用途分类及含义"中采矿用地位于城乡建设用地下，属三级分类，而《用地标准》修订版"城乡用地分类和代码"中采矿用地属于中类，与城乡居民点用地平级，建议统一分类位置。

表 3-10　国土空间规划用地分类之采矿用地

| H5 | 采矿用地 | 采矿、采石、采沙、砖瓦窑等地面生产用地及尾矿堆放地 |

6. 独立建设用地（见表 3-11）

"土地规划用途分类及含义"中城乡建设用地分类下有其他独立建设用地，其含义定义较为模糊，《用地标准》修订版"城乡用地分类和代码"没有涉及，依据《城乡规划法》第三十条：在城市总体规划、镇总体规划确定的建设用地范围以外，不得设立各类开发区和城市新区。因此，本次的独立建设用地依然以"土地规划用途分类及含义"中的分类为准。

表 3-11　国土空间规划用地分类之独立建设用地

| H6 | 独立建设用地 | 指采矿地以外，对气候、环境、建设有特殊要求及其他不宜在居民点内配置的各类建筑用地 |

7. 其他建设用地（见表 3-12）

注："土地规划用途分类及含义"中的其他建设用地比城乡规划中的内涵要更丰富，内容更广泛。《用地标准》修订版"城乡用地分类和代码"中的其他建设用地基本与土地利用规划分类中的风景名胜设施用地对应，"土地规划用途分类及含义"中其他建设用地包括盐田，而其特殊用地则与《用地标准》修订版"城乡用地分类和代码"中二级分类的特殊用地对应。

《用地标准》修订版"城乡用地分类和代码"中的其他建设用地内涵较单一，为风景名胜区等管理服务用地，"土地规划用途分类及含义"中的其他用地包含内容更广，建议统一用地分类标准时将城规中的特殊用地、采矿用地、其他建设用地与"土地规划用途分类及含义"中的其他建设用地一并考虑并加以细分。

表 3-12　国土空间规划用地分类之旅游管理与服务设施、文物古迹及其他建设用地

H9	旅游管理与服务设施、文物古迹及其他建设用地		除以上之外的建设用地，包括边境口岸和风景名胜区、森林公园等的管理及服务设施等用地
H9	H91	旅游管理与服务设施用地	指风景名胜（包括旅游景点、革命遗址等）景点、森林公园等以及城乡居民点建设用地范围以外的旅游管理及服务设施的用地
	H92	文物古迹用地	指城乡居民点建设用地范围以外的，具有保护价值的古遗址、古墓葬、古建筑、石窟寺、近代代表性建筑、革命纪念建筑等用地（地下文物遗址用地按地上实际用途分类）
	H99	其他建设用地	除以上之外的其他建设用地，包括边境口岸等的管理及服务设施等用地

（二）城乡规划用地分类标准——非建设用地

国土空间规划标准中的非建设用地以"土地规划用途分类及含义"为参考（见表 3-13），将水库用地划入非建设用地。

表 3-13 国土空间规划用地分类之非建设用地

E			非建设用地	水域、农林及其他非建设用地
E	E1		水域	河流、湖泊、水库、滩涂等用地
	E1	E11	河流水面	指天然形成或人工开挖河流常水位岸线之间的水面，不包括被堤坝拦截后形成的水库水面
		E12	湖泊水面	指天然形成的集水区常水位岸线所围成的水面
		E13	内陆滩涂	指河流、湖泊常水位至洪水位间的滩地；时令湖、河洪水位以下的滩地；水库、坑塘的正常蓄水位与最大洪水位间滩地
		E14	水库	人工拦截汇集而成的总库容不小于 10 万 m³ 的水库正常蓄水位岸线所围成的水面
	E2		农林用地	耕地、园地、林地、牧草地、设施农用地、田坎、农村道路及坑塘、沟渠等用地
	E2	E21	园地	指种植以采集果、叶、根茎等为主的集约经营的多年生木本和草本作物（含苗圃），覆盖度大于 50% 或每亩有收益的株数达到合理株数 70% 的土地
		E22	旱地	指无灌溉设施、主要靠天然降水种植旱生农作物的耕地，包括没有灌溉设施，仅靠引洪淤灌的耕地
		E23	水田	只用于种植水稻、莲藕等水生农作物的耕地。包括施行水生、旱生农作物轮种的耕地
		E24	林地	指生长乔木、竹类、灌木、沿海红树林的土地，不包括居民点内绿化用地，以及铁路、公路、河流、沟渠的护路、护岸林
		E25	水浇地	指有水源保证和灌溉设施，在一般年景能正常灌溉，种植旱生农作物的耕地。包括种植蔬菜等的非工厂化的大棚用地
		E26	牧草地	指生长草本植物为主，用于畜牧业的土地
		E27	设施农用地	指直接用于经营性养殖的畜禽舍、工厂化作物栽培或水产养殖的生产设施用地及其相应附属用地，农村宅基地以外的晾晒场等农业设施用地
		E28	沟渠	指人工修建，南方宽度≥1.0 m、北方宽度≥2.0 m，用于引、排、灌的渠道，包括渠槽、渠堤、取土坑、护堤林
		E29	坑塘水面	指人工开挖或天然形成的需水量小于 10 万 m³ 坑塘常水位岸线所围成的水面
	E9		其他非建设用地	空闲地、盐碱地、沼泽地、沙地、裸地、不用于畜牧业的草地等用地

（三）国土空间规划用地分类

依据"土地规划用途分类及含义"和《用地标准》修订版中的"城乡用地分类和代码"，构建的国土空间规划用地分类和代码共分为 2 大类，10 中类，33 小类（见表 3-14）。

表 3-14　国土空间规划用地分类和代码

类别代码			类别名称	内容
大类	中类	小类		
H			建设用地	包括城乡居民点建设用地、区域交通设施用地、区域公用设施用地、特殊用地、独立建设用地及其他建设用地等
	H1		城乡居民点建设用地	城市、镇、乡、村庄建设用地
	H1	H11	城市建设用地	城市内的居住用地、公共管理与公共服务设施用地、商业服务业设施用地、工业用地、物流仓储用地、道路与交通设施用地、公用设施用地、绿地与广场用地
	H1	H12	镇建设用地	镇人民政府驻地的建设用地
		H13	乡建设用地	乡人民政府驻地的建设用地
		H14	村庄建设用地	农村居民点的建设用地及村庄其他建设用地（主要为未利用及其他需要进一步研究的村庄集体建设用地）
H	H2		区域交通设施用地	铁路、公路、港口、机场和管道运输等区域交通运输及其附属设施用地，不包括城市建设用地范围内的铁路客货站、公路长途客货运站以及港口客运码头
	H2	H21	铁路用地	铁路编组站、线路等用地
		H22	公路用地	国道、省道、县道和乡道用地及附属设施用地
		H23	港口用地	海港和河港的陆域部分，包括码头作业区、辅助生产区等用地
		H24	机场用地	民用级军民合用的机场用地，包括飞行区、航站区等用地，不包括净空控制范围用地
		H25	管道运输用地	运输煤炭、石油和天然气等地面管道运输用地，地下管道运输规定的地面控制范围内的用地应按其地面实际用途归类
	H3		区域公用设施用地	为区域服务的公用设施用地，包括区域性能源设施、水工设施、通信设施、广播电视设施、环卫设施、排水设施等用地
	H3	H31	区域性能源设施用地	为区域服务的能源性设施用地，包括供水、供电、供燃气和供热等设施用地
		H32	水工设施用地	指人工修建闸、坝、堤路林、水电站、扬水站等常水位岸线以上的水工用地

续表

类别代码			类别名称	内容
大类	中类	小类		
		H33	其他区域公用设施用地	除以上之外的区域公用设施用地，包括通信设施、广播电视设施、环卫设施、排水设施等用地
	H4		特殊用地	指城乡建设用地范围之外，用于军事设施、安保、涉外、宗教、殡葬等特殊性质的用地
	H4	H41	军事用地	专门用于军事目的的设施用地，不包括部队家属生活区和军民公用设施等用地
	H4	H42	安保用地	监狱、拘留所、劳改场所和安全保卫设施等用地，不包括公安军用地
H	H4	H43	涉外用地	用于外国政府及国际组织驻华使、领馆，办事处等用地
	H4	H44	宗教用地	专门用于宗教活动的庙宇、寺院、道观、教堂等宗教自用地
	H4	H45	殡葬用地	陵园、墓地、殡葬场所用地
	H5		采矿用地	采矿、采石、采沙、盐田、砖瓦窑等地面生产用地及尾矿堆放地
	H6		独立建设用地	指采矿地以外，对气候、环境、建设有特殊要求及其他不宜在居民点内配置的各类建筑用地
	H9		旅游管理与服务设施、文物古迹及其他建设用地	除以上之外的建设用地，包括边境口岸和风景名胜区、森林公园等的管理及服务设施等用地
	H9	H91	旅游管理与服务设施用地	指风景名胜（包括旅游景点、革命遗址等）景点、森林公园等以及城乡居民点建设用地范围以外的旅游管理及服务设施的用地
	H9	H92	文物古迹工地	指城乡居民点建设用地范围以外的，具有保护价值的古遗址、古墓葬、古建筑、石窟寺、近代代表性建筑、革命纪念建筑等用地（地下文物遗址用地按地上实际用途分类）
	H9	H99	其他建设用地	除以上之外的其他建设用地，包括边境口岸等的管理及服务设施等用地
E			非建设用地	水域、农林及其他非建设用地
E	E1		水域	河流、湖泊、水库、滩涂等用地
E	E1	E11	河流水面	指天然形成或人工开挖河流常水位岸线之间的水面，不包括被堤坝拦截后形成的水库水面
E	E1	E12	湖泊水面	指天然形成的集水区常水位岸线所围成的水面

续表

类别代码 大类	类别代码 中类	类别代码 小类	类别名称	内容
E	E1	E13	内陆滩涂	河流、湖泊常水位至洪水位间的滩地；时令湖、河洪水位以下的滩地；水库、坑塘的正常蓄水位与最大洪水位间滩地
E	E1	E14	水库	人工拦截汇集而成的总库容不小于10万 m³ 的水库正常蓄水位岸线所围成的水面
E	E2		农林用地	耕地、园地、林地、牧草地、设施农用地、田坎、农村道路及坑塘、沟渠等用地
E	E2	E21	园地	指种植以采集果、叶、根茎等为主的集约经营的多年生木本和草本作物（含苗圃），覆盖度大于50%或每亩有收益的株数达到合理株数70%的土地
E	E2	E22	旱地	指无灌溉设施、主要靠天然降水种植旱生农作物的耕地，包括没有灌溉设施，仅靠引洪淤灌的耕地
E	E2	E23	水田	只用于种植水稻、莲藕等水生农作物的耕地。包括施行水生、旱生农作物轮种的耕地
E	E2	E24	林地	指生长乔木、竹类、灌木、沿海红树林的土地，不包括居民点内绿化用地，以及铁路、公路、河流、沟渠的护路、护岸林
E	E2	E25	水浇地	指有水源保证和灌溉设施，在一般年景能正常灌溉，种植旱生农作物的耕地。包括种植蔬菜等的非工厂化的大棚用地
E	E2	E26	牧草地	指生长草本植物为主，用于畜牧业的土地
E	E2	E27	设施农用地	设施农用地指直接用于经营性养殖的畜禽舍、工厂化作物栽培或水产养殖的生产设施用地及其相应附属用地，农村宅基地以外的晾晒场等农业设施用地
E	E2	E28	沟渠	指人工修建，南方宽度≥1.0 m，北方宽度≥2.0 m，用于引、排、灌的渠道，包括渠槽、渠堤、取土坑、护堤林
E	E2	E29	坑塘水面	指人工开挖或天然形成的需水量小于10万 m³ 坑塘常水位岸线所围成的水面
E	E9		其他非建设用地	空闲地、盐碱地、沼泽地、沙地、裸地、不用于畜牧业的草地等用地

二、分层对应国土空间规划标准体系

国土空间规划体系分层聚焦的是城市、镇、乡、村庄的建设与管理层面，包括总体规划、详细规划等，因此，技术标准以原城乡规划制定的镇、村庄用地分类标准为主，结合国土空间规划体系及城乡统筹要求对矛盾地方予以修改，对模糊的地方予以明确。

（一）城市层面

城市层面考虑城市内部建设用地的布局安排，也就是城乡用地分类标准中的H11城市建设用地，没有涉及非建设用地，与"土地规划用途分类及含义"没有冲突，用地以《用地标准》修订版中的城市建设用地分类和代码为准。

（二）镇、乡层面

《土地利用现状分类》是土地利用规划在镇层面的现行国家标准。城乡规划体系下，在城市，镇、乡及村庄三个层面对应三个用地分类标准，虽然城乡规划《用地标准》修订版规定适用于"市、县人民政府所在地镇和其他具备条件的镇"，这与《镇规划标准》（GB 50188—2007）的适用范围有所冲突。但在具体实施中，除人民政府所在地镇以外，其他镇往往起到衔接城市和乡村的重要纽带作用，《用地标准》修订版并不能完全适用。

因此在镇、乡层面，应当在城乡统筹的前提下，取《用地标准》修订版和《镇规划标准》（GB 50188—2007）中更适用于镇的地类划分与土地利用现状用地分类标准相互协调对接，形成适合于镇规划的用地分类标准。

首先县人民政府所在地镇情况与城市较为接近，因此，对县人民政府所在地镇采用与城市层面相同的用地标准。而县人民政府所在地以外的镇（以下简称"一般镇"）及部分乡，综合了村庄和城市的两种特性，往往很难明确界定建设用地与非建设用地的范围，其本质上更倾向于具有服务功能的乡村社区。

虽然《镇规划标准》（GB 50188—2007）颁布时间较早，采用的是旧的用地分类体系，但在具体地类的划分中比《用地标准》修订版更加适用于一般镇和乡。因此，对一般镇、乡的相关规划应采用以《用地标准》修订版为参考，《土地利用现状分类》的地类划分体系为基准，结合《镇规划标准》（GB 50188—2007），提出建议。

1. 农用地

《土地利用现状分类》中分类较为复杂，基本能涵盖《镇规划标准》中相关地类，但部分小类划分有交叉，例如其他土地中的设施农用地应与《镇规划标准》（GB 50188—2007）中农林用地的农业生产建筑对应。《土地利用现状分类》做出了更为细致的地类划分，建议以《土地利用现状分类》为准，将"农用地"划分为"耕地、园地、林地和草地"。

2. 商服用地

《土地利用现状分类》中的"商服用地"包含了《镇规划标准》（GB 50188—2007）中的相关地类，并且有着更加具体的说明，因此，建议以《土地利用现状分类》为准。

3. 工矿仓储用地

两类标准对该用地分类的分类标准不一样。《镇规划标准》（GB 50188—2007）的分类中把"工业用地"和"仓储用地"划分得更为详细，但不包括《土地利用现状分类》中的盐田和采矿用地。

结合城乡用地分类标准，盐田和采矿用地不列为城乡居民点建设用地，因此一般镇的工业及仓储用地以《镇规划标准》为准。

4. 住宅用地

《土地利用现状分类》的住宅用地没有对居住水平进行划分，而是从城乡层面分为城镇住宅用地和农村宅基地镇规划标准（GB 50188—2007）中用地分类对于居住用地是按居住水平分为一类和二类，从《镇规划标准》（GB 50188—2007）适用的范围看，考虑该部分居住用地不包括农村的宅基地。在一般镇层面考虑该类用地以《镇规划标准》中的用地分类为准。

5. 公共管理与公共服务用地

对于公共设施、绿地、市政工程设施等方面的用地分类，两类分类标准中都比较复杂，且出现了大类与大类、大类与小类等多方面内容交叉的情况。

将《镇规划标准》（GB 50188—2007）中分类精细的特点与《土地利用现状分类》的二级分类相结合（见表3-15）。

第一，《土地利用现状分类》中"公共设施用地"细分为"公用工程用地、环卫设施用地、防灾设施用地"3个三级分类；第二，将《镇规划标准》（GB 50188—2007）中"广场用地"与《土地利用现状分类》中"公园与绿地"合并为二级地类，并细分为"公园用地"和"广场用地"2个三级分类；第三，《镇规划标准》（GB 50188—2007）中的保护区和《土地利用现状分类》中的风景名胜设施用地含义有部分重复，建议对其重新定义，"水源保护区、自然保护区"归为"保护区用地（二级地类）"；"文物保护区、风景名胜区"归为"风景名胜设施用地（二级地类）"。

表3-15 国土空间规划镇用地分类之公共管理与公共服务设施用地

类别			内涵	参考标准
一级	二级	三级		
公共管理与公共服务设施用地	行政管理用地	—	政府机关、社会团体、社会管理机构等用地内涵参考《土地利用现状分类》	内涵参考《土地利用现状分类》及《镇规划标准》（GB 50188—2007）
	教育机构用地	—	托儿所、幼儿园、小学、中学及专科院校、成人教育、聋、哑、盲人学校及其附属设施用地	
	医疗保健用地	—	医疗、防疫、卫生、保健、休疗养、康复等用地	
	社会福利用地	—	为社会提供福利和慈善服务的设施及其附属设施用地，包括福利院、养老院、孤儿院等用地	
	文化设施用地	—	指图书、展览等公共文化活动设施用地	
	体育用地	—	指体育场馆和体育训练基地等用地，不包括学校等机构专用的体育设施用地	

6. 交通运输用地

在此用地的划分中，依旧是划分标准不一样，无法形成一一对应的关系；从范围上说《土地利用现状分类》中包含了《镇规划标准》（GB 50188—2007）的地类，而且前者更加全面。《土地利用现状分类》中相关地类包含了《镇规划标准》（GB 50188—2007）中的分类含义，且更加适合一般镇，建议以《土地利用现状分类》为准（见表3-16）。

表3-16 国土空间规划镇用地分类表

类别			参考标准
一级	二级	三级	
居住用地	城镇住宅用地	—	内涵参考《土地利用现状分类》
	—	一类住宅用地	内涵参考《城市用地分类与规划建设用地标准》（GB50137—2011）
	—	二类住宅用地	
	—	三类住宅用地	
	农村宅基地	—	内涵参考《土地利用现状分类》
公共管理与公共服务设施用地	行政管理用地	—	内涵参考《土地利用现状分类》及《镇规划标准》（GB 50188—2007）
	教育机构用地	—	
	医疗保健用地	—	
	社会福利用地	—	
	文化设施用地	—	
	体育用地	—	
商业、服务业设施用地	零售商业用地	—	内涵参考《土地利用现状分类》
	批发市场用地	—	
	餐饮用地	—	
	旅馆用地	—	
	商务金融用地	—	
	娱乐用地	—	
	其他商服用地	—	
生产设施及工业仓储用地	工业用地	一类工业用地	内涵参考《镇规划标准》（GB 50188—2007）
		二类工业用地	
		三类工业用地	
	农业服务设施用地	—	内涵参考《镇规划标准》（GB 50188—2007）
	仓储用地	普通仓储用地	内涵参考《镇规划标准》（GB 50188—2007）
		危险品仓储用地	

续表

类别			参考标准
一级	二级	三级	
交通运输用地	城镇村道路用地	—	—
	交通服务场站用地	—	
	对外交通用地	铁路用地	内涵参考《土地利用现状分类》
		机场用地	
		港口码头用地	
工程设施用地	公用工程用地	—	内涵参考《镇规划标准》（GB 50188—2007）
	环卫设施用地	—	
	防灾设施用地	—	
绿地及广场用地	公共绿地	—	内涵参考《镇规划标准》（GB 50188-2007）
	防护绿地	—	
	广场	—	
农用地	耕地	—	内涵及分类参考《土地利用现状分类》
	园地	—	
	林地	—	
	草地	—	
水域及其他用地	水域	河流、湖泊、水库、坑塘水面、滩涂、沟渠、沼泽地、冰川及永久积雪	内涵参考《土地利用现状分类》
	保护区	水源保护区、自然保护区、风景名胜区核心区	
	特殊用地	军事设施用地，使、领馆用地，监教场所用地，宗教用地，殡葬用地，风景名胜设施用地及文物保护区	
	其他用地	空闲地、设施农用地、田坎、盐碱地、沙地、裸地、裸岩石砾地	

（三）村庄层面

《指南》是在 2008 年《镇规划标准》（GB 50188—2007）出台后原《村镇规划标准》被废除的基础上，加之 2012 年《用地标准》修订版并没有对村庄规划的用地分类做出明确规定，导致村庄规划在国家层面处于无标准可依的情况下颁布实施的。《指南》旨在弥补空缺，并为以后编制村庄规划相关针对性用地分类标准起到承上启下的作用。

因此，在城乡统筹、多规融合的大背景下，《指南》在编制过程中有考虑到与《土地利用现状分类》相互协调的问题，这点在该指南中已经有所说明。在分析的几个标准中，该指南是与《土地利用现状分类》衔接较为合理的一个。其与《土地利用现状分类》的对应关系（见表3-17）。

表3-17 《村庄规划用地分类指南》与《土地利用现状分类》对比表

村庄规划用地分类指南				土地利用现状分类		
大类	中类	小类			二级	一级
V	V1	—	村庄建设用地	住宅用地	—	
	V1	—	村民住宅用地	农村宅基地	0702	07
		V11	住宅用地			
		V12	混合式住宅用地			
	V2	—	村庄公共服务用地	公共管理与公共服务用地	—	
	V2	V21	村庄公共服务设施用地	机关团体用地	0801	08
				教育用地	0803	
				医疗卫生用地	0805	
				社会福利用地	0806	
				文化设施用地	0807	
				体育用地	0808	
		V22	村庄公共场地	公园与绿地	0810	
	V3	—	村庄产业用地	商服用地、工矿仓储用地	—	
	V3	V31	村庄商业服务业设施用地	零售商业用地	0501	05、06
				批发市场用地	0502	
				餐饮用地	0503	
				旅馆用地	0504	
		V32	村庄生产仓储用地	工业用地	0601	
				仓储用地	0604	
	V4	—	村庄基础设施用地	公共管理与公共服务用地、交通运输用地	—	
	V4	V41	村庄道路用地	城镇村道路用地	1004	08、10
				农村道路	1006	
		V42	村庄交通设施用地	交通服务场站用地	1005	
		V43	村庄公用设施用地	公用设施用地	0809	
	V9	—	村庄其他建设用地	—		

续表

村庄规划用地分类指南			土地利用现状分类		
大类	中类	小类	—	—	二级	一级
N	—	—	非村庄建设用地	交通运输用地、特殊用地、工矿仓储用地	—	10、09、06
N	N1	—	对外交通用地	铁路用地	1001	10、09、06
N	N1	—	对外交通用地	公路用地	1003	10、09、06
N	N2	—	国有建设用地	风景名胜设施用地	0906	10、09、06
N	N2	—	国有建设用地	采矿用地	0602	10、09、06
E	—	—	非建设用地	—	—	
E	E1	—	水域	水域及水利设施用地	1101	12、01、02、03、04
E	E1	E11	自然水域	河流水面	1102	12、01、02、03、04
E	E1	E11	自然水域	湖泊水面	1105	12、01、02、03、04
E	E1	E11	自然水域	沿海内陆滩涂	1106	12、01、02、03、04
E	E1	E11	自然水域	冰川及永久积雪	1110	12、01、02、03、04
E	E1	E12	水库	水库水面	1103	12、01、02、03、04
E	E1	E13	坑塘沟渠	坑塘水面	1104	12、01、02、03、04
E	E1	E13	坑塘沟渠	沟渠	1107	12、01、02、03、04
E	E2	—	农林用地	其他土地	—	12、01、02、03、04
E	E2	E21	设施农用地	设施农用地	1202	12、01、02、03、04
E	E2	E22	农用道路	田坎	1203	12、01、02、03、04
E	E2	E23	其他农林用地	耕地	01	12、01、02、03、04
E	E2	E23	其他农林用地	园地	02	12、01、02、03、04
E	E2	E23	其他农林用地	林地	03	12、01、02、03、04
E	E2	E23	其他农林用地	草地	04	12、01、02、03、04
E	E9	—	其他非建设用地	其他土地、水域及水利设施用地	—	12、11
E	E9	—	其他非建设用地	沼泽地	1108	12、11
E	E9	—	其他非建设用地	空闲地	1201	12、11
E	E9	—	其他非建设用地	盐碱地	1204	12、11
E	E9	—	其他非建设用地	沙地	1205	12、11
E	E9	—	其他非建设用地	裸土地	1206	12、11
E	E9	—	其他非建设用地	裸岩石砾地	1207	12、11

村庄层面用地分类标准的协调，应当以《指南》这个标准为主导，将《土地利用现状分类》在"农用地"和"非建设用地"地类划分上的优点融入进来。由于村庄层面没有"村庄土地利用总体规划"这一级别，故建议按照前面对比分析提出的对应关系进行"两规"在村庄层面的现状用地统计及规划用地分类。

三、结论

（一）标准制定由"各自为政"变为"统一构建"

通过对"两规"规划体系的分析，了解到标准使用上各自的需求，在此基础上对用地分类标准进行统一。例如，在城市层面对用地分类标准的协调是以城乡规划《用地标准》修订版作为基准的，但在对具体地类"非建设用地"的协调时，考虑到《土地管理法》对建设用地的控制要求以及对农用地、未利用地的详细规定。故建议在做微调的情况下以《土地利用现状分类》为主，因实际需要选择划分弹性程度。

（二）标准统一中由"多对一"变为"分层对应"

土地利用规划体系的主要用地分类标准为《土地利用现状分类》，城乡规划体系则有三个不同标准分别适用于城市、镇（乡）、村庄不同层面。虽然《土地利用现状分类》的适用范围也同时包含这几个层面，但每个层面的规划的侧重点不同，对于用地分类的要求也不相同。统一前的用地分类标准呈现出"多对一"的局面。

本次在统一路径中提出分城市、镇和乡村三个层面进行标准的统一，在不同层面上根据两个规划在编制和管理上的要求不同，将《土地利用现状分类》与城乡规划体系的三个用地分类标准"分层对应"。在不同层面上有不同的侧重点，制定不同层面"两规合一"时可参照相应层面的统一路径（见表3-18）。

表3-18　"两规"统一标准在不同层面的依据

不同层面		侧重依据
城市层面	中心城区	《城市用地分类与规划建设用地标准》（GB 50137—2011）中城市建设用地分类
	市（县）域	《城市用地分类与规划建设用地标准》（GB 50137—2011）中以城乡用地分类为主，以"土地规划用途分类及含义"为辅
镇、乡层面	县人民政府所在地	《土地利用现状分类》《镇规划标准》（GB 50188—2007）为主，以《城市用地分类与规划建设用地标准》（GB 50137—2011）为辅
	一般镇、乡	
村庄	村庄	《村庄规划用地分类指南》《土地利用现状分类》

（三）标准地类由"交叉对应"变为"统一路径"

"两规"体系下各标准统一之前在分类划分上存在部分地类"交叉对应"的情况，如城乡规划《用地标准》修订版中的"区域交通设施用地"与"土地规划用途分类及含义"

中的"交通水利用地"同属于两个标准的中类。但"交通水利用地"的包含范围要大于"区域交通设施用地",多出的两个小类"水库"和"水工建筑用地"又分别属于《用地标准》修订版中的"非建设用地"和"区域公用设施用地",交叉对应情况明显。

  各标准在分类划分上"统一路径",基本原则是在管理和应用上,根据在不同层面规划的要求相应做出调整。如前文所提到的"水库",在"土地规划用途分类及含义"中属于"建设用地"大类范畴,而在城乡规划《用地标准》修订版中则属于"非建设用地"。为了保证建设用地规模的一致性,从分类和含义两个角度分析后,建议以城乡规划《用地标准》修订版的规定为准。此外,在"区域公用设施用地""特殊用地"等方面也提出了统一用地划分相对应的建议。

第四章 国土空间规划开发强度测算方法研究

第一节 研究综述

一、研究背景

"开发强度"长期以来被视为一定区域土地利用程度及其累积承载密度的综合反映，是控制土地开发的重要指标之一。2010年国务院印发的《全国主体功能区规划》将"开发强度"定义为"一个区域建设空间占该区域总面积的比例"，从区域尺度上，强调国土开发利用，以衡量各类建设用地总量占国土面积的比重。《全国国土规划纲要（2016—2030年）》中提出"到2030年，国土开发强度不超过4.62%"，该数值被称为全国建设用地"天花板"，开发强度控制已经成为控制建设用地总量的重要手段。

为深化规划体制改革创新，以主体功能区规划为基础统筹各类空间性规划、推进"多规合一"，提升国土空间治理能力和效率，建立健全国土开发保护制度，推进生态文明建设，2014年8月国家启动28个市县"多规合一"试点工作，2016年12月开展省级空间规划试点，已形成了基本技术路径和解决方案。

2018年3月，十三届全国人大一次会议通过了《关于国务院机构改革方案的决定》，将国土部门土地规划管理等职责、发改部门编制主体功能区规划职责、住建部门城乡规划管理职责、水利部的水资源调查和确权登记管理职责、农业部的草原资源调查和确权登记管理职责、国家林业局的森林湿地等资源调查和确权登记管理职责、国家海洋局的职责、国家测绘地理信息局的职责等整合，组建自然资源部。自然资源部要"建立空间规划体系并监督实施，统一行使全民所有自然资源资产所有者职责，统一行使所有国土空间用途管制和生态保护修复职责"，并"强化国土空间规划对各专项规划的指导约束作用，推进'多规合一'，实现土地利用、城乡规划等有机融合"。

国土空间规划以主体功能区规划为基础，全面摸清并分析国土空间本底条件，划定城镇、农业、生态空间以及生态保护红线、永久基本农田、城镇开发边界。主体功能区规划中提出"控制开发强度"的理念，强调各类主体功能区都要有节制地开发，保持适当的开发强度。国土空间规划中对空间的管控，最终以开发强度管控的形式实现指标化管控。开发强度是国土空间规划需要测算的关键指标，这里"开发强度"是区域层面上的概念，侧重国土开发利用程度，即建设用地在区域中所占比重。通过开发强度的测算，能够掌握国土空间的开发潜力，为国土空间实施建设用地总量控制、实现空间结构优化调整提供重要参考依据和控制指标。

二、研究意义

(一) 调控建设用地规模扩张，推进国土资源有序开发

随着工业化和城镇化发展进程的不断推进，建设用地规模也在不断扩张，不少地区在建设用地开发上存在盲目、无序、粗放的状况，不仅造成了生态环境恶化，也为建设用地利用的可持续性埋下了隐患。区域建设用地开发方式和开发强度已经影响经济社会的健康发展，合理控制国土开发强度，有利于提高建设用地节约集约利用程度，转变以建设用地扩张为主的国土资源开发模式，更加注重存量建设用地中低效用地的潜力挖掘，推进国土资源有序开发。

(二) 落实空间规划控制指标，优化国土空间开发利用

开发强度是全面反映国土空间开发状况的重要指标。已开发强度不仅是主体功能区规划和土地利用总体规划编制的重要依据，也是制定其他区域发展规划的参考依据。另一方面，基于可开发强度限制形成科学的国土空间规划，能够反过来指导区域开发，控制区域总体开发强度以及城镇、农业、生态空间各自的开发强度，从而优化国土空间开发格局，有利于实现区域的可持续发展。

三、研究内容

本书借鉴《全国主体功能区规划》关于开发强度控制的理念，以国土空间规划为背景，明确国土空间规划中开发强度的概念，研究国土空间规划中合理确定开发强度的技术方法。

本书中的"开发强度"与《全国主体功能区规划》采用的开发强度内涵基本一致，强调建设用地在区域用地中的比重，因此"以人定地"与"以产定地"相结合进行建设空间规模预测是本书研究的核心内容。

四、研究思路

本书依照图4-1所示的研究思路框架提出国土空间规划开发强度的测算技术方法。可以看出，开发强度测算的关键在于建设空间规模的预测，基于建设用地规模的科学合理预测，开发强度的计算方法简单，计算过程明确。因此，建设空间规模预测，特别是城镇建设空间规模预测是本书的核心内容。

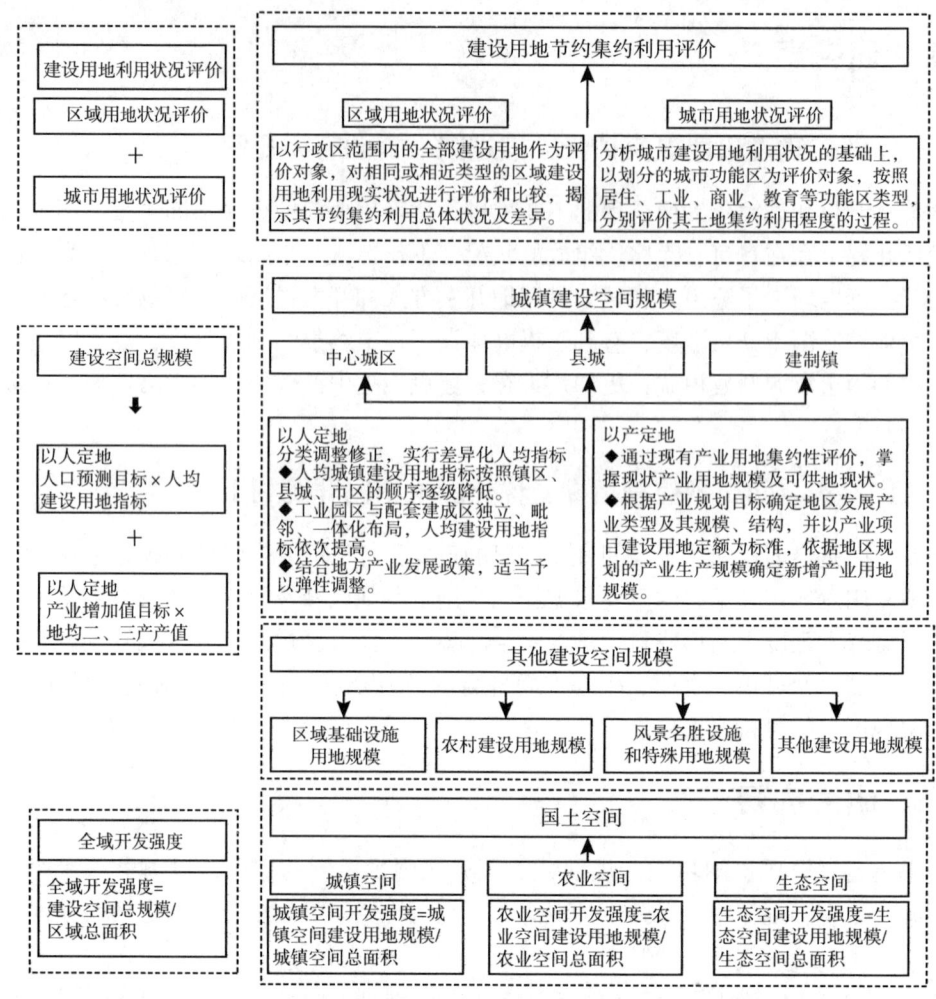

图 4-1 国土空间规划开发强度测算研究思路框架图

第二节 理论基础

一、概念界定

(一) 开发的定义

广义的开发指通过采掘、开垦、工程建设等方式对资源进行的开发利用。资源指国土空间范围内的能被人类利用的所有资源，包括矿产资源、土地资源、水资源和生物资源等。广义的开发即对人类可利用的所有资源的开发行为，包括工业开发、农业开发等人类建设活动。

狭义的开发主要指对资源人为高强度的干预活动，主要包括城市建设、产业发展、基础设施建设等用地开发。

国土空间规划中的"开发"主要是指大规模工业化和城镇化等人类活动（此处"开发"的概念引自《全国主体功能区规划》）。

（二）开发强度的定义

鉴于开发的定义有广义与狭义之分，开发强度的定义相对应也分为广义开发强度和狭义开发强度。

广义的开发强度，除未利用空间之外的所有已开发空间面积的总和占区域总面积的比重。其中，已开发空间包括工业用地、农业用地以及其他一切已开发用地。

狭义的开发强度，是指一个区域建设空间面积占该区域总面积的比重。

国土空间规划中，开发强度是管控建设用地总量、优化空间结构、提高空间利用效率，推动建设用地由规模扩张向内涵提升转变的重要手段。

本书中的开发强度指狭义的开发强度，开发强度中的建设空间包括城镇建设用地、区域基础设施用地、农村建设用地、风景名胜设施和特殊用地、其他建设用地等。

本书同时引入已开发强度、可开发强度和剩余开发强度的概念。

已开发强度，指区域已建设空间的面积占区域总面积的比重，是区域开发强度的现状测算。已开发强度较易测算，如整个"县域、乡镇"单元，可以按照报送的用地面积直接计算，也可以根据遥感图像的识别得出大致数值。

可开发强度，指区域内允许建设空间的面积占区域总面积的比重。基于生态保护、基本农田保护、文物古迹保护、地形地貌等因素对开发的限制，区域内不可能完全进行开发建设，未受到限制约束的区域才能进行开发。通过资源环境承载力评价和国土空间开发适宜性评价，能够为可开发强度的测算提供数据基础。

剩余开发强度，指区域内允许开发但尚未开发的建设空间面积占区域总面积的比重，亦是可开发强度与已开发强度的差值。剩余开发强度可作为指导区域未来用地规划的重要参考依据。

国土空间规划中，已开发强度是反映现状开发强度的基础指标，可开发强度是开发强度控制的关键参考依据，剩余开发强度是区域开发潜力的重要指标。

二、研究概况

国内目前针对开发强度的研究较少，主要有以下研究案例。周炳中等从资源可持续利用的角度出发，针对土地资源开发强度的内涵概念、指标体系和定量评价方法进行了研究，并选择我国人口密集、经济发达、人地矛盾突出的长江三角洲地区进行实证研究。研究结论认为，开发条件是资源开发的前提，开发程度是开发强度的主要内涵，开发的目的是获取开发利益，土地资源开发应突出社会、经济、生态效益的综合平衡与协调，生态环境的反馈应作为规范开发行为的尺度。环境的治理力度是衡量资源开发能否保持可持续性的重要指标。

尧德明等采用参照系比较法，选取海南省作为研究区域对海南省及其18个市县的土地开发强度进行了定量评价。研究认为，土地开发强度是指一定区域土地利用程度及其累计承载密度的综合反映，通常用建筑面积、人口数量、就业规模、经济产值和物化投入等单项或复合指标来表达，土地开发活动具有多层次、多目的、多要素以及复杂性和动态性的特征。

土地开发强度既是对土地利用现状的综合表达，也是未来土地开发利用优化决策的重要依据。基于海南土地利用实际情况，从土地利用条件、利用程度、投入强度及利用效益四个方面，选取14项指标构建土地开发强度的评价指标体系，分别选取各项指标的全国平均值和东部沿海地区平均值作为比较对象，建立参照系A和参照系B，综合评价海南省土地开发强度。

王利等在主体功能区规划背景下，基于GIS技术，对区域开发强度测算过程中地形限制难用地面积、耕地面积、水体面积、其他禁止开发区面积等空间运算方面的计算方法、技术、流程作了具体研究。研究选取大连市作为研究区域，以VM-MapInfo软件为基本支撑，对大连市不同区域的开发强度进行了具体测算。研究解决了区域开发强度测算过程中高程限制建设用地扣除、各类农用地扣除以及其他限制建设用地扣除的技术问题。

谭雪晶等从国土开发强度的时空分异规律、国土开发支持能力及国土开发利用效率三方面，综合运用GIS空间分析和数理统计方法，对北京市国土开发强度进行评价，揭示了北京市国土开发过程中存在的问题及未来发展趋势，并提出未来国土开发利用的建议。研究认为，关于国土开发应更多注重开发强度时间上的有序增长和空间上的有机协调，阻止、预防城市贪大求快的无序发展和蔓延。同时，不同的发展区域应采取不同的开发策略和空间布局模式，突出不同区域的核心功能，促进产业和人口向适宜区域集聚，构筑疏密有度、边界清晰、功能完备、整体协调的城市空间结构。

韩政针对我国现行城乡规划体系关于开发强度控制面临的困境，提出在总体规划、分区规划、控制性详细规划三个层面实施开发强度控制。刘根发等基于GIS技术和分区规划确定的人口规模、功能布局、用地布局、道路交通设施布局、市政公用设施布局等前提条件建立开发强度模型，选取上海市中心城区作为研究区域进行实证研究。丁亮等基于自组织视角，城市空间结构是影响土地开发强度的基准，以GIS技术为研究平台，通过空间句法的技术手段，用拓扑网络对城市空间进行量化分析，进而转化为土地开发强度的基准模型，再结合现状、生态、美学、安全等影响因子，建立修正模型，最终构成自组织视角下的土地开发强度的分布模型及指标体系。

香港土地开发强度管制采用混合式的管理方法。香港是高密度紧凑城市的典型代表，由于自身条件限制，促使其城市空间扩展向三维发展，土地开发强度控制面对的问题非常复杂。在长期的城市管理实践中，香港城市规划管理部门总结出了一整套适合香港城市特点的控制方法，主要从用地分类、基地位置、建筑高度三方面对土地开发强度进行控制。用地分类主要划分土地用途地带，根据相关标准和规定对具体土地用途地带再进行分层架构控制，用地分类控制主要解决地区宏观层面的交通、环境规划等问题。基地位置是依据不同基地交通可达性划分基地类型，不同基地类型对应不同的开发强度。建筑高度主要影响基地的最大建筑面积，通过对建筑高度的控制实现建筑层面对开发强度的控制。

第三节　建设用地节约集约利用评价

建设用地节约集约利用是在符合有关法规、政策、规划的前提下，通过降低用地消耗、增加对土地的投入，不断提高土地利用效率和经济效益的一种开发模式。建设用地节约集约利用评价是对城市建设用地利用状况进行调查、分析，评价建设用地节约集约利用程度水平。旨在提出促进建设用地节约集约利用对策建议，科学管理和合理利用建设用地，提高土地利用效率和效益，为国家和各级政府制定土地政策和调控措施，为国土空间有节制地开发并控制适当的开发强度提供科学依据。

建设用地节约集约利用评价包括区域建设用地节约集约利用状况评价（以下简称"区域用地状况评价"）和城市建设用地集约利用潜力评价。城市建设用地集约利用潜力评价包括城市建设用地集约利用状况评价（以下简称"城市用地状况评价"）和城市建设用地集约利用潜力测算（以下简称"城市用地潜力测算"）。

空间规划开发强度测算前期的建设用地节约集约评价，主要涉及区域用地状况评价和城市用地状况评价。

一、区域用地状况评价

区域用地状况评价是以行政区范围内的全部建设用地作为评价对象，在特定时间点或特定时间段内，通过对相同或相近类型的区域建设用地利用现实状况进行评价和比较，揭示其节约集约利用总体状况及差异的过程。

区域用地状况评价宜自上而下分层次开展。当某一行政区开展区域用地状况评价时，重点以下一层级行政区为对象开展工作。评价应区分评价对象全部或部分位于城市建成区的不同情形。评价对象部分位于城市建成区的，应开展定性分析和定量评价工作；全部位于城市建成区的，仅开展定量评价工作。

（一）技术步骤

区域用地状况评价技术步骤为：

（1）明确评价对象；

（2）定性分析各评价对象的土地利用与社会、经济发展的协调状况，判断土地利用趋势类型；

（3）建立影响各评价对象建设用地节约集约利用状况的指标体系，确定评价指标权重；

（4）进行各评价对象的指标标准化处理；

（5）计算各评价对象的各项评价指数值；

（6）根据定量评价得出的各评价对象的区域用地状况评价指数，划分其土地利用状况类型，并予以校核；

（7）编制评价成果报告、图件和基础资料汇编。

（二）定性分析

区域用地状况定性分析是通过对人口发展与城乡建设用地变化匹配程度、经济发展与建设用地变化的匹配程度进行分析，判断评价对象的土地利用趋势类型，并进行相应分析。

1. 人口与城乡建设用地变化匹配程度分析

通过测算分析评价区域人口与城乡建设用地增长弹性系数，判定评价区域的土地利用趋势类型，分析评价区域人口发展与城乡建设用地的匹配协调程度、节约集约用地总体趋势、区域差异及存在问题。

（1）人口与城乡建设用地增长弹性系数分析。人口与城乡建设用地增长弹性系数分析主要涉及总人口与城乡建设用地增长弹性系数、城镇人口与城镇工矿用地增长弹性系数、农村人口与农村用地增长弹性系数等指标。指标及其定义见表4-1。

表4-1 人口与城乡建设用地增长弹性系数指标定义与计算方法

指标	指标定义
总人口与城乡建设用地增长弹性系数（PEI1）	评价基准年之前3年（含基准年）的常住人口增长幅度与同期城乡建设用地增长幅度的比值，反映常住总人口与城乡建设用地变化的匹配协调程度
城镇人口与城镇工矿用地增长弹性系数（PEI2）	评价基准年之前3年（含基准年）的城镇人口增长幅度与同期城镇工矿用地增长幅度的比值，反映人口城镇化与土地城镇化的匹配协调程度
农村人口与村庄用地增长弹性系数（PEI3-1、PEI3-2）	指标口径：评价基准年之前3年（含基准年）的常住农村人口增长幅度与同期村庄用地增长幅度的比值，反映农村人口与村庄用地变化的匹配协调程度

（2）土地利用趋势类型判定。基于人口发展与城乡建设用地变化匹配程度的土地利用趋势类型主要依据评价区域人口与城乡建设用地增长弹性系数判定。土地利用趋势类型按照集约利用趋势变化情况，从优到劣，一次判定为内涵挖潜型、集约趋势型、相对稳定型和粗放趋势型（见表4-2）。

表4-2 基于人口发展与城乡建设用地变化的土地利用趋势类型及判定标准

土地利用趋势类型	原始数据特征	判定依据
内涵挖潜型	人口增长，用地减少或不变	—
集约趋势型	人口增长，用地增长	PEI1>1
	人口减少或不变，用地减少	PEI1<1
相对稳定型	人口增长，用地增长	PEI1=1
	人口减少，用地减少	PEI1=1
	人口不变，用地不变	—
粗放趋势型	人口增长或不变，用地增长	PEI1<1
	人口减少，用地减少	PEI1>1
	人口减少，用地增长或不变	—

2. 经济发展与建设用地变化匹配程度分析

通过测算分析评价区域地区生产总值与建设用地增长的弹性系数、地区生产总值与建设用地增长贡献度，判定评价区域的土地利用趋势类型，分析评价区域经济发展与建设用地的匹配协调程度、节约集约用地总体趋势、区域差异及存在问题。

（1）地区生产总值与建设用地增长弹性系数分析。指标定义见表4-3。

表 4-3 地区生产总值与建设用地增长弹性系数指标定义

指标	指标定义
地区生产总值与建设用地增长弹性系数（EEI1）	评价基准年之前 3 年（含基准年）的地区生产总值增长幅度与同期建设用地总面积增长幅度的比值，反映建设用地消耗与自身经济发展的协调程度

注：1. 地级以上城市，应分别测算城市行政辖区整体、下辖各县（市、区）的 EEI1。
2. 县级市仅测算城市行政辖区整体的 EEI1。

（2）地区生产总值与建设用地增长贡献度分析。指标定义见表 4-4。

表 4-4 地区生产总值与建设用地增长贡献度指标定义

指标	指标定义
地区生产总值与建设用地增长贡献度（ECI1）	评价基准年之前 3 年（含基准年）的地区生产总值增长量占全部评价对象的地区生产总值增长总量的比重，与同期建设用地增长量占全部评价对象的建设用地增长总量的比重的比值，反映建设用地消耗对城市整体经济发展的贡献匹配程度

注：1. 地级以上城市，应分别测算城市行政辖区整体、下辖各县（市、区）的 ECI1，其中，直辖市不需测算城市行政辖区整体的地区生产总值与建设用地增长贡献度；
2. 县级市仅测算城市行政辖区整体的 ECI1，上一级行政区是指其所属的地级市（其中，省直管县级市的上一级行政区为省）。

（3）土地利用趋势类型判定。基于经济发展与建设用地变化匹配程度的土地利用趋势类型主要依据参评城市及其下辖各县（市、区）的地区生产总值与建设用地增长弹性系数、地区生产总值与建设用地增长贡献度综合判定。其中，参评城市为直辖市的不需判定。土地利用趋势类型按照集约利用趋势变化情况，从优到劣，依次判定为内涵挖潜型、集约趋势型、相对稳定型和粗放趋势型（见表 4-5）。

表 4-5 基于经济发展与建设用地变化的土地利用趋势类型及判定标准

土地利用趋势类型	原始数据特征	判定依据
内涵挖潜型	地区生产总值增长，用地减少或不变	—
集约趋势型	地区生产总值增长，用地增长	EEI1>γ、ECI1≥1 或 EEI1=γ、ECI1>1
集约趋势型	地区生产总值减少或不变，用地减少	EEI1<γ、ECI1≤1 或 EEI1=γ、ECI1<1
相对稳定型	地区生产总值增长，用地增长	EEI1=γ、ECI1=1
相对稳定型	地区生产总值减少，用地减少	EEI1=γ、ECI1=1
相对稳定型	地区生产总值不变，用地不变	—
粗放趋势型	地区生产总值增长或不变，用地增长	EEI1<γ 或 ECI1<1
粗放趋势型	地区生产总值减少，用地减少	EEI1<γ 或 ECI1<1
粗放趋势型	地区生产总值减少，用地增长或不变	—

注：1. 当判定地级以上城市（不含直辖市）土地利用趋势类型时，γ 为该市所属省域范围的地区生产总值与建设用地增长弹性系数和 1 之间的较大值；

2. 当判定县级市（非省直管）土地利用趋势类型时，γ为该市所属地级市的地区生产总值与建设用地增长弹性系数和1之间的较大值；

3. 当判定省直管县级市土地利用趋势类型时，γ为该市所属省域范围的地区生产总值与建设用地增长弹性系数和1之间的较大值。

（三）定量评价

区域用地状况定量评价是采用多因素综合评价法，通过选择评价指标体系，进行指标理想值标准化，计算有关指数，划分评价对象的土地利用状况类型。

1. 评价指标选择

区域用地状况定量评价指标体系包括利用强度等4个指数、人口密度等7个分指数、城乡建设用地人口密度等11个指标（见表4-6）。

表4-6　区域用地状况定量评价指标体系

指数（代码）	分指数（代码）	分指数指标（代码）	计量单位	指标属性	选择要求
利用强度指数（UII）	人口密度指数（PUII）	城乡建设用地人口密度（PUII1）	人/km²	正向相关	必选
	经济强度指数（EUII）	建设用地地均固定资产投资（EUII1）	万元/km²	正向相关	必选
	—	建设用地地均固定资产投资（EUII1）	万元/km²	正向相关	必选
增长耗地指数（GCI）	人口增长耗地指数（PGCI）	单位人口增长消耗新增城乡建设用地量（PGCI1）	m²/人	反向相关	必选
	人口增长耗地指数（PGCI）	单位地区生产总值耗地下降率（EGCI1）	%	正向相关	必选
	经济增长耗地指数（EGCI）	单位地区生产总值增长消耗新增建设用地量（EGCI2）	m²/万元	反向相关	必选
		单位固定资产投资消耗新增建设用地量（EGCI3）	m²/万元	反向相关	必选
用地弹性指数（EI）	人口用地弹性指数（PEI）	人口与城乡建设用地增长弹性系数（PEI1）	—	正向相关	必选
	经济用地弹性系数（EEI）	地区生产总值与建设用地增长弹性系数（EEI1）	—	正向相关	必选
管理绩效指数（API）	城市用地管理绩效分指数（ULAPI）	城市存量土地供应比率（ULAPI1）	%	正向相关	必选
		城市批次土地供应比率（ULAPI2）	%	正向相关	必选

2. 评价指标权重值确定

（1）权重值确定原则。权重值应分别依据指数、分指数、指标对区域建设用地节约集约利用的影响程度确定。指数、分指数、分指数指标的权重值在 0~1 之间，每个指数对应下一层分指数或分指数指标的权重值之和都应为 1。权重值的确定方法及取值应相对稳定，不同时段开展评价并发生变化时，应作为特殊事项予以说明。

（2）权重值确定方法：

①德尔菲法。通过对指数、分指数、分指数指标的权重值进行多轮专家打分，并按以下公式计算权重值：

$$W_i = \frac{\sum_{j=1}^{n} e_{ij}}{n}$$

式中：W_i——第 i 项指数、分指数、分指数指标的权重；

e_{ij}——专家 j 对于第 i 个目标、子目标或指标的打分；

n——专家总数。

实施要求：

a. 参与打分的专家应熟悉城市经济社会发展和土地利用状况，总数为 10~40 人；

b. 打分应根据评价工作背景材料和有关说明，在不相互协商的情况下独立进行；

c. 从第二轮起，打分必须参考上一轮打分结果进行；

d. 打分一般进行 2~3 轮。

②因素成对比较法。通过对所选评价指标进行相对重要性两两比较、赋值，计算权重值。

实施要求：

a. 比较结果要符合 A 指标大于 B 指标，B 指标大于 C 指标，A 指标也大于 C 指标的关系；

b. 指标的赋值应在 0~1 之间，且两两比较的指标赋值之和等于 1。

③层次分析法。通过对指数、分指数、分指数指标相对重要性进行判断，组成判断矩阵，计算权重值。

实施要求：判断矩阵必须通过一次性检验。

3. 评价指标标准化

（1）评价指标标准化方法。评价指标标准化应采用理想值比例推算法。指标标准化初始值采用以下公式计算：

$$S_{i0} = \frac{a_i}{t_i}$$

式中：S_{i0}——第 i 项指标标准化值的初始值；

t_i——第 i 项指标理想值；

a_i——第 i 项指标实际值。

（2）指标标准化值确定原则。鉴于指标属性和对应理想值的特征差异，需要对指标标准化的初始值进行处理，确定各项指标标准化值 S_i。具体确定原则如下：

　　a. 对于正向相关指标，$S_i = S_{i0}$；对于反向相关指标，$S_i = 1/S_{i0}$。

　　b. S_i 应在 0~1 之间。

　　c. 对于利用强度指数、管理绩效指数涉及的指标（PUII1、EUII1、EUII2、ULAPI1、ULAPI2），若 $S_{i0} \geq 1$，S_i 直接赋值为 1，表示指标实际值为理想状况。管理绩效指数涉及的指标（ULAPI1、ULAPI2）无法计算时，S_i 直接赋值为 1。

　　d. 对于增长耗地指数、用地弹性指数涉及的指标（PGCI1、EGCI1、EGCI2、EGCI3、PEI1、EEI1），应结合定性分析结论进行分别处理：

　　a. 当人口、经济为正增长，用地减少或不变时，S_i 直接赋值为 1；

　　b. 当人口、经济为负增长或零增长，用地为正增长或不变时，S_i 直接赋值为 0；

　　c. 其他情形下，对于正向相关指标，若 $S_{i0} \geq 1$，S_i 直接赋值为 1；对于反向相关指标，若 $1/S_{i0} \geq 1$，S_i 直接赋值为 1。

4. 分指数、指数和总指数计算

（1）分指数计算。区域用地状况定量评价各项分指数按照以下公式计算：

$$\alpha_j = \sum_{i=1}^{n} (W_{ji} \times S_{ji}) \times 100$$

式中：α_j——第 j 项分指数的值；

W_{ji}——第 j 项分指数下第 i 个指标的权重；

S_{ji}——第 j 项分指数下第 i 个指标的标准化值；

n——第 j 项分指数下的指标个数。

（2）指数计算。区域用地状况定量评价各项指数按照以下公式计算：

$$\beta_k = \sum_{j=1}^{n} W_{kj} \times \alpha_j$$

式中：β_k——第 k 项分指数的值；

W_{kj}——第 k 项分指数下第 i 个指标的权重；

α_j——第 j 项分指数值；

n——第 k 项分指数下的指标个数。

（3）总指数计算。区域用地状况定量评价总指数按照以下公式计算：

$$总指数 = \sum_{k=1}^{n} W_k \times \beta_k$$

式中：W_k——第 k 项指数的值；

β_k——第 k 项指数值；

n——第 k 项指数下的分指数个数。

5. 土地利用状况类型确定

（1）土地利用状况类型确定原则。区域用地状况评价中的土地利用状况可根据工作需要，按照总指数、指数、分指数分别确定。

　　土地利用状况类型根据各指数分值的高低，从大到小，依次划分为Ⅰ型、Ⅱ型、Ⅲ型、Ⅳ型、Ⅴ型等，对应的建设用地节约集约利用程度由高到低，可表述为"集约度高""较高"

"中等""较低""低"等不同情形。土地利用状况类型划分原则上控制在3~5类。

(2) 土地利用状况类型确定方法：

a. 按照数轴法、总分频率曲线法等，对总指数、指数分指数进行分值区段划分。采用数轴法时，应分别将有关指数值点绘在数轴上，按土地节约集约利用效果的实际状况，选择点数稀少处作为分值区段的分界点。采用总分频率曲线法时，则分别对有关指数值进行频率统计，绘制频率直方图，按土地节约集约利用效果的实际状况，选择频率曲线波谷处作为分值区段的分界点。

b. 采用主成分分析等方法对依据分值区段划分确定的土地利用状况类型进行校核。当校核结果与土地利用状况类型存在差异时，应进一步分析差异原因，结合专家咨询最终确定土地利用状况类型。

(四) 评价结果综合分析

从节约集约利用现状水平、动态变化趋势、管理绩效、空间分异等方面，结合定性分析和定量评价结果，对评价对象建设用地节约集约利用总体状况、特征、存在问题、主要差距及原因进行分析，提出促进节约集约用地的对策建议。

二、城市用地状况评价

城市用地状况评价是在分析城市建设用地利用状况的基础上，以划分的城市功能区为评价对象，在特定时间点或特定时间段内，按照居住、工业、商业、教育等功能区类型，分别评价其土地集约利用程度的过程。

城市用地状况评价的工作地域为中心城区的城市建成区，应分别开展定性分析和定量评价工作。城市用地状况定量评价将确定各功能区的土地利用状况类型，按照各功能区的土地集约利用程度，划分过度利用区、集约利用区、中度利用区、低度利用区。

(一) 技术步骤

(1) 确定评价工作地域；

(2) 进一步核定工作地域，开展定性分析；

(3) 确定功能区类型，建立相应的评价指标体系；

(4) 初步划分城市功能区，选择各类功能区的样本片区；

(5) 收集整理各类功能区的样本片区指标资料，确定相应的指标理想值；

(6) 初步识别样本片区是否归属过度利用类型，对于初步识别中不列入过度利用类型的样本片区，计算其土地利用集约度，并判断其土地利用状况类型；

(7) 根据样本片区的土地利用集约度，重新整理和划分城市功能区，确定各城市功能区边界，并判断其土地利用状况类型；

(8) 编制成果图件并量算不同利用程度、不同功能类型的功能区面积；

(9) 选定不同土地利用状况类型、不同功能类型的典型功能区和典型样本片区，进行信息汇总；

(10) 编制评价成果报告、图件和基础资料汇编。

（二）定性分析

1. 城市建设用地整体概况分析

（1）城市建设用地现状规模分析。提取核定后的工作地域范围内建设用地面积数据，与参评城市土地利用总体规划确定的中心城区城镇建设用地控制规模（允许建设区面积）和城市总体规划确定的中心城区规划建设用地规模等进行比较，分析城市建设用地现状规模、土地开发率、后备用地保障能力，以及其存在的主要问题。

（2）城市建设用地结构分析。通过提取各类建设用地图斑，统计城市居住、商业、工业、教育、机关团体、城市道路、广场等各类建设用地的结构比例关系。在此基础上，对比《城市用地分类与规划建设用地标准》（GB 50137—2011）、参评城市总体规划确定的规划用地结构比例，分析现状用地结构与城市性质定位、城市规划相关规定是否符合，分析是否存在浪费土地问题，综合分析城市建设用地结构变化趋势、面临问题及产生原因等，分析通过优化用地结构促进集约用地的方向或对策思路。

（3）城市建设用地布局分析。对比城市总体规划布局结构，分析城市用地现状布局与土地利用效率之间的相互关系。分析内容包括：城市旧城区、城市新区及产业的布局特征；城市中心区的用地组合的合理性；城市新区开发程度及城市边缘区新开发土地的充分利用程度等。

具体分析中，应将城市新区、旧城区用地面积、建筑面积等数据，与土地利用总体规划的城镇规模边界以及城市总体规划确定的用地功能和空间布局结构特征进行对比，分析城市用地发展的总体态势、空间布局调整状况及存在的问题，以及旧城区的土地利用强度、用地组合、用地效率提升状况等。通过分析对比旧城区与城市新区、边缘区的土地开发率、开发强度等，明晰城市新、旧区之间的土地利用特征、存在的问题，提出通过用地布局优化促进集约用地的方向或对策思路。

（4）城市基础设施及环境状况分析

依据建成区道路网密度、用水普及率、燃气普及率、污水集中处理率、生活垃圾处理率、绿地率、人均公园绿地面积等指标，分析城市道路、供水、电力、通信、供气、供热、排水、环卫等基础设施的投资、建设、保障状况，以及对土地集约利用的影响。

提取工作地域用地面积、建筑基底数据，制作评价工作地域建筑密度分布图、三维模拟图等，综合分析建成区不同区域的建筑密度分布特征，重点分析因建筑密度过高、人口过密、利用不合理等，导致交通拥堵、环境恶化、消防隐患等问题较为突出的区域。

依据城市工业三废排放及处理情况等数据，结合城市工业结构状况、产业层次等，分析城市工业用地利用的环境效益及其对土地集约利用的影响。

2. 城市建设用地利用强度分析

分别按评价工作地域范围以及居住、商业、工作、行政办公、高校教育用地的地类图斑为单元，分别提取评价工作地域范围内的建设用地总面积、居住等各类用途用地的总面积，以及评价工作地域范围内的建设总面积、居住等各类用途用地建筑的总面积等数据，计算评价工作地域综合容积率和居住等各类用途用地综合容积率，以地类图斑为空间单元,制作中心城区综合容积率分布图、三维模拟图等,综合分析城市建设用地利用强度的总体水平、空间分异特征以及不同用地类型土地利用强度的差异(见表4-7)。

表4-7 城市建设用地利用强度分析指标含义

表征指标	指标含义
评价工作地域综合容积率	评价工作地域范围内的建筑总面积与评价工作地域范围内建设用地总面积之比
居住用地综合容积率	评价工作地域范围内的居住用地建筑总面积与评价工作地域范围内的居住用地总面积之比
商业用地综合容积率	评价工作地域范围内的商业用地建筑总面积与评价工作地域范围内的商业用地总面积之比
工业用地综合容积率	评价工作地域范围内的工业用地建筑总面积与评价工作地域范围内的工业用地总面积之比
行政办公用地综合容积率	评价工作地域范围内的行政办公用地建筑总面积与评价工作地域范围内的行政办公用地总面积之比
教育用地(高校)综合容积率	评价工作地域范围内的教育用地(高校)建筑总面积与评价工作地域范围内的教育用地(高校)总面积之比

3. 城市建设用地利用效益分析

城市建设用地效益分析,是通过计算评价工作地域单位面积地区生产总值和人口密度,居住用地人口密度,商业用地单位面积第三产业增加值和单位面积从业职工数,工业用地单位面积固定资产总额、单位面积工业总产值和单位面积工业利税额,行政办公用地单位面积服务人员数,以及教育用地单位面积服务学生数等表征指标,将其与相关法规规划标准、城市政府集约用地管理目标以及类比城市进行横向比较,综合分析城市及其主要用途建设用地的利用效益总体水平、分异规律、主要特征及存在问题等(见表4-8)。

表4-8 城市建设用地利用效益分析指标含义

表征指标	指标含义	计量单位
评价工作地域单位面积地区生产总值	评价工作地域对应区域的地区生产总值与评价工作地域用地面积之比	万元/hm^2
评价工作地域人口密度	评价工作地域对应区域的常住人口总数与评价工作地域用地面积之比	人/hm^2
居住用地人口密度	评价工作地域对应区域的常住人口总数与评价工作地域范围内的居住用地总面积之比	人/hm^2
商业用地单位面积社会消费品零售总额	评价工作地域对应区域的社会消费品零售总额与评价工作地域范围内的商业用地总面积之比	万元/hm^2

续表

表征指标	指标含义	计量单位
商业用地单位面积从业职工数	评价工作地域对应区域的第三产业从业人员数与评价工作地域范围内的商业用地总面积之比	人/hm²
工业用地单位面积固定资产总额	评价工作地域对应区域的（规上）工业企业固定资产原价与评价工作地域范围内的工业用地总面积之比	万元/hm²
工业用地单位面积工业总产值	评价工作地域对应区域的（规上）工业企业工业总产值与评价工作地域范围内的工业用地总面积之比	万元/hm²
工业用地单位面积利税额	评价工作地域对应区域的（规上）工业企业利税总额与评价工作地域范围内的工业用地总面积之比	万元/hm²
行政办公用地单位面积服务人员数	评价工作地域对应区域的行政办公人员总数与评价工作地域范围内的行政办公用地总面积之比	人/hm²
教育用地单位面积服务学生数	评价工作地域对应区域的高校（含中等专业学校）在校生总人数与评价工作地域范围内的高校教育用地总面积之比	人/hm²

4. 城市建设用地现状与城市总体规划用地规划状况差异性分析

城市建设用地现状与城市总体规划用地规划状况差异性分析，通过制作工作地域用地现状与规划用途比较图，在此基础上，依据现状与规划用途比对信息，分析功能区发展定位调整的总体状况、用途结构及布局特征，空闲地、空闲建筑物的利用方向等。

5. 城市土地市场状况分析

城市土地市场状况分析重点分析评价工作地域范围内的土地级别分布、基准地价、土地价格和房地产价格空间分布及交易状况等，并结合土地经济容积率的测算等分析城市土地集约利用的潜力。

（三）定量评价

城市用地状况定量评价是在城市用地状况定性分析的基础上，划分城市功能区，选取样本片区作为其代表，按照评价指标体系要求选择评价指标，进行理想值指标标准化，计算有关指数，评价样本片区的土地集约利用水平，判定土地利用状况类型，揭示不同类型功能区的土地集约利用水平及其空间分异规律。

1. 评价指标选择

城市用地状况定量评价指标体系分为居住功能区、商业功能区、工业功能区、行政办公功能区、教育功能区和其他功能区，以及必选和备选等不同情形（见表4-9）。

表 4-9　城市用地状况定量评价指标体系

功能区类型（代码）	指标（代码）	指标含义	指标属性	选择要求
居住功能区（R）	综合容积率（R1）	居住功能区内的各类建筑总面积（万 m²）/居住功能区土地面积（hm²）	正向相关	必选
	人口密度（R2）	居住功能区内的居住人口（人）/居住功能区土地面积（hm²）	正向相关	必选
	基础设施完备度（R3）	居住功能区内的水、电、路等基础设施的配套程度	正向相关	必选
	住宅地价实现水平（R4）	居住功能区现状条件下的单位土地市场地价（元/m²）/居住功能区所在级别基准地价（元/m²）	正向相关	必选
	建筑密度（R5）	居住功能区内各类建筑基底面积（万 m²）/居住功能区土地面积（hm²）	正向相关	必选
商业功能区（C）	综合容积率（C1）	商业功能区内的各类建筑总面积（万 m²）/商业功能区土地面积（hm²）	正向相关	必选
	基础设施完备度（C2）	商业功能区内的水、电、路等基础设施的配套程度	正向相关	必选
	商业地价实现水平（C3）	商业功能区现状条件下的单位土地市场地价（元/m²）/商业功能区所在级别基准地价（元/m²）	正向相关	必选
	建筑密度（C4）	商业功能区内各类建筑基底面积（万 m²）/商业功能区土地面积（hm²）	适度相关	必选
	商业物业出租（营业）率（C5）	商业功能区内的物业平均出租率或营业率（%）	正向相关	必选
工业功能区（I）	综合容积率（I1）	工业功能区内的各类建筑总面积（万 m²）/工业功能区土地面积（hm²）	正向相关	必选
	基础设施完备度（I2）	工业功能区内的水、电、路等基础设施的配套程度	正向相关	必选
	单位用地固定资产总额（I3）	工业功能区内的工业（物流）企业固定资产原价（万元）/工业功能区土地面积（hm²）	正向相关	必选
	单位用地工业总收入（I4）	工业功能区内的工业（物流）企业总收入（万元）/工业功能区土地面积（hm²）	正向相关	必选
	建筑密度（I5）	工业功能区内各类建筑基底面积（万 m²）/工业功能区土地面积（hm²）	适度相关	必选

续表

功能区类型（代码）	指标（代码）	指标含义	指标属性	选择要求
行政办公功能区（G）	综合容积率（G1）	行政办公功能区内的各类建筑总面积（万 m²）/行政办公功能区土地面积（hm²）	正向相关	必选
	基础设施完备度（G2）	行政办公功能区内的水、电、路等基础设施的配套程度	正向相关	必选
	单位用地行政办公人员数（G3）	行政办公功能区内的行政办公人员数（人）/行政办公功能区土地面积（hm²）	正向相关	必选
	建筑密度（G4）	行政办公功能区内各类建筑基底面积（万 m²）/行政办公功能区土地面积（hm²）	适度相关	必选
教育功能区（E）	综合容积率（E1）	教育功能区内的各类建筑总面积（万 m²）/教育功能区土地面积（hm²）	正向相关	必选
	基础设施完备度（E2）	教育功能区内的水、电、路等基础设施的配套程度	正向相关	必选
	单位用地服务学生数（E3）	教育功能区内的服务学生总数（人）/教育功能区土地面积（hm²）	正向相关	必选
	建筑密度（E4）	教育功能区内各类建筑基底面积（万 m²）/教育功能区土地面积（hm²）	正向相关	必选
其他功能区（X）	综合容积率（X1）	其他功能区内的各类建筑总面积（万 m²）/其他功能区土地面积（hm²）	正向相关	必选
	建筑密度（X2）	其他功能区内各类建筑基底面积（万 m²）/其他功能区土地面积（hm²）	适度相关	必选

2. 评价指标权重值确定

评价指标权重采用特尔斐法、因素成对比较法等方法综合确定，评价指标权重确定应符合表4-10提供的指标重要性排序要求。

表4-10 城市用地状况定量评价指标重要性排序表

功能区类型（代码）	指标（代码）	选择性	重要性排序
居住功能区（R）	综合容积率（R1）	必选	1
	人口密度（R2）	必选	2
	基础设施完备度（R3）	必选	3
	住宅地价实现水平（R4）	必选	4
	建筑密度（R5）	必选	5

续表

功能区类型（代码）	指标（代码）	选择性	重要性排序
商业功能区（C）	综合容积率（C1）	必选	1
	基础设施完备度（C2）	必选	3（4）
	商业地价实现水平（C3）	必选	2
	建筑密度（C4）	必选	4（5）
	商业物业出租（营业）率（C5）	必选	3
工业功能区（I）	综合容积率（I1）	必选	1
	基础设施完备度（I2）	必选	4
	单位用地固定资产总额（I3）	必选	3
	单位用地工业总收入（I4）	必选	2
	建筑密度（I5）	必选	5
行政办公功能区（G）	综合容积率（G1）	必选	1
	基础设施完备度（G2）	必选	3
	单位用地行政办公人员数（G3）	必选	2
	建筑密度（G4）	必选	4
教育功能区（E）	综合容积率（E1）	必选	1
	基础设施完备度（E2）	必选	3
	单位用地服务学生数（E3）	必选	2
	建筑密度（E4）	必选	4
其他功能区（X）	综合容积率（X1）	必选	1
	建筑密度（X2）	必选	2

注：当评价指标体系含备选指标时，相关必选指标权重值的重要性排序应以（）中的序位为依据。

3. 评价指标标准化

通过采用标准值比例推算法，根据有关指标属性及理想值取值特征差异，区分正向相关指标和适度相关指标采用不同方法进行评价指标标准化。

①正向相关指标标准化方法

正向相关指标标准化初始值 F_{i0} 按照以下公式进行：

$$F_{i0} = b_i / u_i$$

式中：F_{i0}——第 i 项指标标准化初始值；

u_i——第 i 项指标理想值（当 u_i 为区间值时，u_i 取相应理想值下界值）；

b_i——第 i 项指标实际值。

各项指标标准化值 F_i 的确定需区分以下两种情形加以确定：

a. 若 $F_{i0} \geq 1$，$F_i = 1$，表示指标实际值为合理状态；

b. 若 $F_{i0}<1$，$F_i=F_{i0}$，计算结果表示评价的功能区的对应指标实际值与理想值的差距。

②适度相关指标标准化方法

适度相关指标标准化值 F_i 按照以下公式进行：

$$F_i = \left| \frac{b_i - u_i}{u_i} \right|$$

式中：F_i——第 i 项指标标准化值；

u_i——第 i 项指标理想值；

b_i——第 i 项指标实际值。

具体确定各项指标标准化值 F_i 时，u_i 的取值需区分以下三种情形分别加以确定：

a. 若 b_i 隶属 u_i 所在区间，F_i 直接赋为 1，表示指标实际值为合理状态；

b. 若 $b_i > u_i$ 的上界值，此时式中的 u_i 取相应理想值的上界值，表示指标实际值超过理想值的状况；

c. 若 $b_i < u_i$ 的下界值，此时式中的 u_i 取相应理想值的下界值，表示指标实际值与理想值的差距。

4. 集约利用指数计算

功能区土地利用集约度 λ 按照以下公式计算：

$$\lambda = \sum_{i=1}^{n} (\beta_i \times F_i) \times 100$$

式中：λ——功能区的土地利用集约度；

β_i——第 i 项指标的权重；

F_i——第 i 项指标的标准化值。

5. 土地利用状况类型划分

采用数轴法或总分频率曲线图法对不同类型功能区土地利用集约度进行分值区段划分，得出过度利用、集约利用、中度利用、低度利用四种土地利用状况类型的标准。

原则上，判定为集约利用类型的功能区，土地利用集约度不宜小于 80，判定为中度利用类型的功能区，土地利用集约度不宜小于 60。

判定为过度利用类型的功能区，需同时满足下列四个条件：

（1）土地利用集约度处于集约利用类型分值区段；

（2）功能区综合容积率指标大于理想值的上界值；

（3）功能区建筑密度指标大于理想值的上界值；

（4）定性分析结果表明区域建筑密度过高、土地利用不合理或过度利用，且造成交通拥堵、环境恶化、消防隐患等问题比较突出。

（四）评价结果综合分析

城市用地状况评价在定量评价的基础上，结合其他定量方法和定性分析进行结果校核，确定各类功能区的土地利用状况类型，综合分析总结各类不同利用状况类型功能区的结构状况、分布特征等。

一是区分现状主导用途与规划主导用途一致区域和不一致区域两种情况，分别比较不同类型功能区土地集约利用状况定量评价结果，总结各类用途土地集约利用类型分布特征及规律、地域差异、存在问题及原因。

二是根据成果应用需求的不同，可开展以区、街道为单元的相关汇总分析，总结不同区、街道各类用途土地集约利用特征、存在问题。

三是针对评价结果，综合分析各功能区、各区域土地集约利用的主导制约因素，提出促进土地集约利用的方向及相关政策措施建议。

三、评价成果应用

建设用地节约集约利用评价成果的应用主要包括以下方面：

（1）为国家利用土地参与宏观调控、推进资源节约型社会建设提供支持；

（2）为各级国土空间规划、土地利用年度计划、土地供应计划及其他法定规划、计划和政策等的编制、制定提供依据；

（3）为地方政府掌握土地利用的基本情况，健全土地收购储备制度、完善土地利用管理政策等提供保障。

第四节　建设空间规模预测

一、城镇建设空间规模预测

城镇建设空间包括城市中心城区、县城和镇的建设空间。

（一）以人定地

1. 人口规模预测

城镇人口规模是城镇进行基础设施建设和配置的基础。相对准确的人口规模预测结果才能保证空间资源的合理配置、城镇各项建设的有序进行；才能保证政府有效制定公共政策，维护公众利益；才能保证人与自然、城镇的和谐发展及可持续发展。

（1）人口规模预测的现存问题。人口规模预测的重要性无须重申，然而在实践中，人口规模预测方面仍存在较多问题。目前规划界普遍认为人口规模预测方面存在的最主要问题是预测结果不准确。这个不准确体现在：一方面，人口规模预测过大，即凡是希望扩张人口的城市往往难以达到预期目标；另一方面，人口规模预测偏小，即凡是希望控制人口的城市却从来没有控制住。

①人口规模预测过大。人口规模预测过大的问题在我国很多城市普遍存在。"适度超前"理念是规划的基本理念，适度超前也包括人口规模预测的适度超前，然而实际情况却是大量城镇人口规模预测严重脱离发展实际。按照相关国家标准的技术规定，城市和镇人均建设用地指标都必须在要求的范围之内，这也是审批总体规划时考核城镇建设用地规模的主要依据之一。由于人口规模决定了城镇建设用地规模，而获得更多的建设用地指标，

使得城市能够发展工业增加税收，开发房地产增加土地出让收入，拥有更多资金进行城镇建设，进而扩大城镇规模。因此，相当一部分城镇在开展人口规模预测研究时偏离了实事求是路线，通常会有意调高一些参数赋值，人为地使预测结果达到预期设定规模。可以说，原本制定标准和审批城市、镇总体规划的内在逻辑是"以人定地"，即通过尽量准确地预测人口规模来确定合理的城镇建设用地规模。然而在规划编制和地方上报城市、镇总体规划时的执行逻辑却是"以地定人"，"人"已经脱离了规划服务对象的角色，虚拟的规划人口规模渐渐异化为攫取稀缺城镇建设用地指标的工具。

我国快速城镇化过程中，基于土地财政的内生发展冲动驱使地方政府热衷通过拉大城市骨架，来谋求城市经济增长动力，催生出很多城镇的土地城镇化速度远远快于人口城镇化速度的现象。在这种背景下，城镇总体规划的编制机构在预测城镇人口规模时，面临着一个先验性规定要求——土地扩张需求。甚至很多时候城镇建设用地规模必须将建成区、已规划的新区、工业园区的规模一并纳入，以此来反算城镇人口规模，所以常常出现规划期末人口规模是规划基期现状人口规模高倍数的情况。由于"以地定人"的逻辑脱离了经济增长带动人口增长的正常推演，导致人口规模预测很难做到准确，进而造成按人口规模配套建设的基础设施出现极大浪费。同时，还会导致经济社会成本的不合理增加，如城镇基础设施建设成本增加，城镇运营成本增加，大尺度建设人为割裂城镇不同功能间的经济联系提高服务业发展成本。

②人口规模预测偏小。规划预测人口规模偏小，实际人口发展突破规划，这个现象在北上广等大城市特别明显。北京市在1982年、1991年、2003年分别进行了3次城市总体规划修编，3次方案的人口控制指标都与实际发展有很大差距。1982年版城市总体规划提出"20年内，北京常住人口控制在1 000万"，实际到1986年这一目标即被突破。1991年版城市总体规划提出"到2010年，北京常住人口控制在1 250万左右"，然而到1995年，北京常住人口已经达到1 251万。2003版城市总体规划提出："2020年北京实际居住人口控制在1 800万左右"，然而到2010年，北京常住人口已经达到1962万，提前10年突破规划人口。上海在2001年国务院批复的《上海市城市总体规划（1999—2020年）》中提出，"上海常住人口规模2020年达到1 800万左右"，实际2004年上海常住人口已达到1 835万。

在国家控制特大城市人口规模的政策下，城市承载力问题被提出，但是目前对城市承载力的分析甚少考虑技术动态变化条件。以北京为例，淡水资源过去是研究北京人口承载力的一个约束条件，"南水北调"工程实施后淡水资源总量发生了变化。除资源总量外，还有产业结构调整引起的资源分配结构性变化。技术进步会产生一系列难以预见的动态变化，事实上，从长期发展来讲，世界主要城市的人口规模都是增长的，因为采用静态方式研究城市人口规模，导致我国特大城市人口发展规划普遍滞后，继而带来城市相关公共服务供给不足，外来人口不能享受同等公共服务，公共服务设施不均等的矛盾日渐突出。

(2) 人口规模预测的基础数据。

①数据收集与口径

A. 数据收集　针对规划范围的统计数据，包括总人口、城镇人口在内的各类人口以及相关基础数据进行收集。收集数据包括现状和历史系列数据，数据来源应以官方公布的统计数据为主，主要包括统计年鉴、统计公报、人口普查公告、人口抽样调查公报等，其他如公安部门和计生部门的有关数据，作为校核的依据和参考数据。

B. 统计口径　人口规模的统计数据，应以常住人口为统计口径。常住人口一般指已在某地持续居住一定时间以上的人口，包括满足该时限要求的户籍人口和流动人口，时限通常有半年以上、一年以上等不同口径。本书研究口径与人口普查一致，常住人口指在规划范围内连续居住满半年或半年以上的人口。

C. 统计范围　界定城镇人口规模所需的城镇地区的空间范围，应与国家有关的统计规定保持一致。现行《统计上划分城乡的规定》（国务院于2008年7月12日国函〔2008〕60号批复），其中规定："城镇包括城区和镇区。城区是指在市辖区和不设区的市、区，市政府驻地的实际建设连接到的居民委员会和其他区域。镇区是指在城区以外的县人民政府驻地和其他镇，政府驻地的实际建设连接到的居民委员会和其他区域。与政府驻地的实际建设不连接，且常住人口在3000人以上的独立的工矿区、开发区、科研单位、大专院校等特殊区域及农场、林场的场部驻地视为镇区。"

②数据采用与处理

A. 数据采用。预测基准年应选取最接近现状，且具备已公布统计人口数据的年份。

B. 数据处理：

a. 统计口径核准　当现有人口数据的统计口径与前述定义的"常住人口"的统计口径不一致时，应将基准年及历史系列数据进行口径校核，核准至"常住人口"的统计口径。

统计口径校核可采用比例法。基于2010年第六次人口普查数据基本符合"常住人口"统计口径，可通过假设某年现有口径统计人口与"常住人口"统计口径的人口之比与2010年对应口径统计人口的比值相等，推算出该年的常住人口规模。

b. 数据插补　当人口历史系列数据不连续、缺乏某些年份的数据时，可根据需要进行推导和插补，数据插补可采用比例法或数据内插法。

c. 数据平滑　当发现人口历史系列数据具有明显的波动特征时，根据预测需要，可采用移动平均数法、指数平滑法等方法对历史系列数据进行必要的平滑处理，从而减弱偶然因素的影响。

d. 统计范围核准　若因行政区划调整等原因造成历史系列数据统计范围与规划范围不一致时，应对历史数据进行范围校核，核准并统一到与规划范围相一致，以保证历史系列各数据所指的空间范围是一致的。

③数据分析与表达

人口规模预测时采用的人口现状和历史系列等原始数据，应注明数据来源。人口现状和历史系列基础数据若经过口径校核、插补、平滑、范围核准等处理，还应简要说明数据处理的方法和过程。

人口规模预测时，作为预测的必要基础，应对现状人口特征进行必要的分析，并对现状特征值以图、表等形式汇总表达，重点包括现状人口规模、现状人口主要构成（如户籍/非户籍、年龄构成、性别构成、职业构成、民族构成）以及空间分布特征等，为预测、分类预测提供必要的信息支撑，使预测结果具有基本的可追溯性。

历史人口数据要求根据预测年限n，原则上应有n年以上的历史系列数据；同时应对历史数据进行必要的变化特征分析，如年（均）增长率以及分类预测可依据的其他变化特征，并以图、表形式简要反映人口规模的历史演变特征。

（3）人口规模预测的常用方法。近些年，人口规模预测方法在逐步规范，预测方法的研究得到较大发展。在以计划经济为主、人口流动性相对较低的时期，主要用传统的预测方法，包括增长率法、劳动平衡法、带眷系数法和剩余劳动力转化法等。随后在以市场经济为主导、人口流动变化较大的时期，传统预测方法明显出现不适应性。2003—2007年，原建设部组织开展了《人口规模预测规程》的制定工作，推荐了增长率法、相关分析法与资源环境承载力法三大类共9种预测方法。国内学者们也从不同角度对人口规模预测方法进行了大量研究和总结，介绍了综合增长率法、直接指数模型法、生态足迹法、灰色模型法、回归分析法、资源承载力法、社会经济相关分析法、系统论法等人口规模预测方法，并进行了分析和实证。

综上，针对城镇人口规模预测的特点，需要遵循易操作、可推广的原则选择预测方法。本书重点推荐以下几点预测方法。

①数学模型类

数学模型类预测方法主要包括综合增长率预测法、指数增长模型预测法、回归模型预测法、逻辑斯蒂增长模型预测法等。

A. 综合增长率法。综合增长率法是通过对未来人口年增长率的推算进行人口规模预测。

综合增长率法按下式计算：

$$P_t = P_0(1+r)^n$$

式中：P_t——预测目标年末人口规模；

P_0——预测基准年人口规模；

r——人口年均增长率；

n——预测年限（$n=t-t_0$，t为预测目标年份，t_0为预测基准年份）。

该预测方法仅有年均增长率r一个自变量，r值的确定，涉及对历史数据的分析和对未来变化趋势的影响分析及判断，例如对未来社会经济发展趋势、自身资源禀赋、环境支撑条件的必要分析等。

B. 指数增长模型预测法。指数增长模型预测法与综合增长率法在理论上是等价的，两种预测方法选择的模型有所不同。

指数增长模型预测法按下式计算：

$$P_t = P_0 e^m$$

式中：P_t——预测目标年末人口规模；

P_0——预测基准年人口规模；

e——自然对数的底；

e^m——人口年均增长率；

n——预测年限。

该预测方法不同于综合增长率法适用于数据较少的情况，指数增长模型是在数据足够多时采用,同时该方法不太适合于预测年限较长、发展比较成熟和人口基数较大的城市。

C. 回归模型预测法。回归模型预测法是利用数理统计方法建立人口规模与时间之间回归关系的函数(即回归模型)进行人口规模预测。回归模型可以采用线性模型、指数模型、幂函数模型和对数模型等,人口规模预测常采用线性增长模型和指数增长模型。

a. 线性回归分析法:运用线性增长模型预测人口规模,按下式计算:

$$P_t = a + bt$$

式中:P_t——预测目标年末人口规模;

t——预测目标年份;

a、b——参数。

b. 指数回归分析法:运用指数增长模型预测人口规模,按下式计算:

$$P_t = Ce^{bt}$$

式中:P_t——预测目标年末人口规模;

e——自然对数的底;

t——预测目标年份;

C、b——参数。

回归模型法预测是在掌握大量观察数据的基础上进行的,因此基础数据越多,预测年限越短,预测结果越准确。该方法适用于人口基数较少的短期预测。

D. 逻辑斯蒂增长模型预测法。逻辑斯蒂增长模型又称阻滞人口增长模型,模型考虑到人口的增长不可能无限制,在马尔萨斯模型的基础上设置了人口的极限规模,即增加了对人口容量或极限规模的影响。

逻辑斯蒂增长模型预测法按下式计算:

$$P_t = \frac{P_m}{1 + aP_m b^n}$$

式中:P_t——预测目标年末人口规模;

P_m——规划范围最大人口容量;

m——人口年均增长率;

n——预测年限;

a、b——参数。

实际运用中,该模型常以简化形式出现。如在 SPSS 软件中,按下式计算:

$$P_t = P_m / (1 + aP_m b^n)$$

式中:参数 a 和 b 可利用 SPSS 软件从历史数据回归中求得,P_m 为输入值,n 即预测年限。

模型中人口容量 P_m 一般需结合规划范围内资源承载能力、生态环境容量、经济发展潜力等来确定。

该方法优点是考虑了在极限人口规模下人口规模的增长逐渐下降的特征,缺点是人口极限规模本身的不确定性将导致各阶段人口规模预测的准确性同样具有不确定性。

②经济相关类。

经济相关类预测方法主要有经济相关分析法和劳动力需求预测法等。

A. 经济相关分析法。经济相关分析法通过建立人口与经济总量（GDP）自然对数值的线性相关方程来预测人口规模。

相关经济分析法按下式计算：

$$P_t = a + b \ln(Y_t)$$

式中：P_t——预测目标年末人口规模；

Y_t——预测目标年 GDP 总量；

a、b——参数。

经济相关分析法可采用的函数关系有多种，线性相关是方便常用的一种函数关系。由于人口与 GDP 之间不太可能是线性关系，因此先对 GDP 取自然对数，然后建立人口与 GDP 自然对数之间的线性相关关系。该模型相对比较简单，实际应用较多，因而作为推荐模型。当然，相关关系也可以选择其他函数形式，只要能够通过模型有效性检验即可。

该方法一般适用于城镇经济发展平稳、产业结构相对稳定的情形，由于其方程关系是基于历年人口与经济数据关系而建立的，不适用于预测时段内经济结构发生改变、人均产值有较大变化等情况。

B. 劳动力需求预测法。劳动力需求预测法通过经济发展对劳动力的需求分析预测城市人口规模，首先对经济发展规模进行预测、对三次产业构成和未来单位劳动力年均 GDP 进行测算，然后分第一、第二、第三产业预测未来各产业劳动力需求并得出劳动力总需求后，再按照劳动力占人口的比例换算为人口规模。

劳动力需求预测法按下式计算：

$$P_t = \frac{\sum_{i=1}^{3} Y_t \times \frac{W_i}{y_i}}{x_i}$$

式中：P_t——预测目标年末人口规模；

Y_t——预测目标年 GDP 总量；

Y_i——预测目标年第 i（例如一、二、三）产业的劳动力年均 GDP；

W_i——预测目标年第 i（例如一、二、三）产业占 GDP 总量的比例（%）；

x_i——预测目标年末就业劳动力占总人口的比例（%）。

劳动力需求预测法一般分别按照一、二、三产业预测劳动力需求，但在预测城市中心城区人口规模时，若第一产业从业人口少到可以忽略，则 i 值选取从 1 到 2；同样，产业分类不止三类产业划分，对于其他产业分类也同样可以套用该方法，只需 i 值随之变化；另在某些情况，i 值也可以仅取为 1，如某地计划落地一个大型工业项目，由此增加一批从业职工，也可应用该方法单独预测该项目带来的劳动力需求以及相应的人口规模增长，再与其他人口相加得到总人口规模。

该方法也只适用于城镇经济发展平稳、产业结构相对稳定的情形，由于预测过程中需要对多个参数进行预测，容易导致预测结果不准确。

③容量评价类

容量评价类预测方法包括水资源容量法、土地资源容量法和生态环境容量法（如生态足迹法）等。

A. 水资源容量法。水资源容量法是基于科学测算城镇可利用水资源总量，选取适宜的人均用水量指标，进而预测人口规模，按下式计算：

$$P_t = W_i / \omega_i$$

式中：P_t——预测目标年末人口规模；

W_i——预测目标年可供水量；

ω_i——预测目标年人均用水量。

预测水资源的人口承载力基于预测目标年末水资源总量和预测目标年末人均用水量两个基本变量。

水资源是一个开放系统，不仅包括本地水资源，还应包括可利用的外地引入水；同时，水资源总量有资源总量、由供水设施能力决定的可供水量两种概念理解。预测水资源承载力时，应同时考虑外地可引入水在内的可用水量和最大投资保障下的可供水能力，取其交集作为水资源总量。

人均用水量也有不同概念，一是人均生活用水量，二是人均综合用水量，即包括各类生产及公共用水。该方法所指人均用水量是人均综合用水量，需注意的是人均综合用水量随着产业结构的变化可能会有较大不同。

B. 土地资源容量法。土地资源容量法与水资源容量法思路相同，通过测算城镇可利用建设用地规模和适宜的人均建设用地指标，进而预测人口规模，按下式计算：

$$P_t = L_i / l_i$$

式中：P_t——预测目标年末人口规模；

L_i——根据土地开发潜力确定的预测目标年末城镇建设用地规模；

l_i——预测目标年宜采用的人均建设用地指标。

该方法的预测结果取决于两个变量，一是预测目标年末的城镇建设用地规模，这个规模可能来自土地开发潜力的绝对约束，也可能来自土地开发控制等人为制约；二是预测目标年末的人均建设用地指标，该指标应结合现状，根据土地开发潜力，按照国家有关标准或参考其他城镇的相应指标来确定。

C. 生态环境容量法。生态环境容量法是根据生态用地总面积，选取适宜的人均生态用地指标，进而预测人口规模，按下式计算：

$$P_t = S_i / s_i$$

式中：P_t——预测目标年末人口规模；

S_i——预测目标年生态用地面积；

s_i——预测目标年人均生态用地指标。

生态足迹法是生态环境容量法的一种，也是目前研究最为成熟的一种基于生态环境容量的预测方法。生态足迹法是按照城市生态生产和消耗自我平衡的思路，将城市生态生产性土地分为耕地、林地、草地、建筑用地、化石能源土地和海洋等6种生物生产面积类型，将这些具有不同生态生产力的生物生产面积转化为具有相同生态生产力的面积，汇总生态足迹和生态承载力，然后通过煤炭、原油等多种能源消耗项目折算的人均生态足迹分量和人均生态承载力，计算出人口环境容量。

容量评价类的3种预测方法一般适用于受水资源、土地资源和生态环境等条件约束较大的城镇。容量预测的目的主要是对其他预测方法进行极限校核，使预测规模不超过容量规模，一般建议选择主要约束条件进行容量预测。

④其他类。

其他类预测方法包括区域人口分配法、类比法和区位法。该类预测方法适用于区域发展关系相对稳定的城镇。

区域人口分配法：从区域角度出发，在区域的城镇化按照一定速度发展，该区域城镇人口总规模基本确定的前提下，综合考虑城镇在区域中的地位、性质、职能，根据城镇人口总规模，对城区及各镇区人口规模进行分配和平衡。

类比法：通过与发展条件、阶段、现状规模和性质相似的城镇进行对比分析，根据类比对象城镇的人口发展速度、特征和规模来确定预测城镇人口规模。

区位法：根据城镇在区域中的地位、作用来对城镇人口规模进行分析预测。如确定城镇规模分布模式的"等级-大小"模式、"断裂点"分布模式。该方法适用于城镇体系发育比较完善、等级系列比较完整、接近中心地理论模式区域的城镇。

（4）人口规模预测方法的应用。

①不同方法多种方案预测。预测方法的选取必须充分考虑城镇的发展状况、人口结构特征、数据可得性及其有效性等因素，选取两类以上不同方法分别进行预测，通过采用不同方法、分类预测、对参数及自变量不同赋值、引用相关预测值等，形成多个预测方案，以提高人口规模预测的综合性和科学性。

②分类预测。分类预测虽然从系统学角度看比总体预测更难把握，因为部分往往比整体稳定性和可预料性更差，但是当城镇人口存在较大结构差异时，根据人口发展特征及预测需要，结合所选取的预测方法，可针对不同类型、不同地区、不同时段的人口分别进行规模预测。

当人口具有明显的差异类型且具备必要的基础数据时，宜按不同类型人口分别进行预测，再汇总计算总体规模。常见的，例如对户籍人口和暂住人口的划分，对人口自然增长和机械增长的分别计算等。

当规划范围内不同地区之间发展不平衡、人口增长模式存在显著差别时，宜分别针对不同地区进行人口规模预测，再汇总计算总体规模。

采用增长率法进行预测，鉴于增长率一般会随基数的变化而变化，当预测年限较长时，宜分阶段采用不同的人口年均增长率进行人口预测。

（5）人口规模预测的改进思路。

①体系化数据更新。当前人口规模预测，尤其是在县城和建制镇镇区人口预测的实际工作中，经常出现城镇常住人口统计数据缺失、数据年份不连续或数据统计范围模糊的情况，导致人口规模预测可选取方法受限、预测结果不准确。

人口规模预测归根是在大量数据基础上进行的推算，因此亟须定期开展城镇人口信息统计，完善城镇人口统计指标体系，并尽快应用到统计工作中，实现城镇人口基础数据的体系化更新。城镇人口统计要将常住人口作为统计对象，明确城镇人口仅统计城市中心城区、县城、建制镇镇区规划范围内的常住人口，并定期发布城镇人口信息数据。相关部门要建立部门间人口信息共享平台，并及时在共享平台上发布人口信息，建立人口信息资源共享制度。

②多情景模式预测。城镇人口规模预测其本质是为城镇发展做一个"预案"，预计城镇发展到了一定的规模后，需要提供怎样的空间供给和配套设施，如住房需求量、交通增加量、市政需求规模等。人口规模预测不应该单纯追求建设用地指标的获取，或者一个人口控制的绝对数据，而应当模拟不同发展情景，在不同的发展前提下，预测不同的发展规模，为城镇发展提供多个"预案"。

③差异化角度研究。进行人口规模的研究目的是确定在一定人口规模约束下城镇应该提供的建设用地布局、公共设施和市政设施等服务设施的配给。因此，人口规模的研究要注重人口规模的细分结构和各类人群的需求差异。

计划经济时代，城镇生活人群的需求差异小，可视为所有人的需求均质，按照人均标准可以满足城镇公共服务设施配置从人口规模落实到用地布局的要求。当前城镇发展多元化，面临的外部形势多变，城镇人口构成复杂，各类人群之间的需求差异大。因此，城镇人口规模的研究需要将人口结构与需求放在研究的重要位置。

2. 人均建设用地指标确定

①人均城市建设用地指标（见表4-11）。中心城区、县城人均建设用地指标按照《城市用地分类与规划建设用地标准》（GB 50137—2011）中人均城市建设用地指标的相关规定确定。

规划人均城市建设用地指标应根据现状人均城市建设用地指标、城市所在的气候区以及规划人口规模，并应同时符合允许采用的规划人均城市建设用地指标和允许调整幅度双因子的限制要求。

人口规模、气候区划两个因素对人均城市建设用地指标的影响最为显著，因此选取人口规模、气候区划两个因素进一步细分城市类别并分别进行控制。

气候区参照《城市居住区规划设计规范》相关规定，结合全国现有城市特点，分为Ⅰ、Ⅱ、Ⅵ、Ⅶ以及Ⅲ、Ⅳ、Ⅴ两类。

人均城市建设用地指标采用"双因子"控制，即同时符合"允许采用的规划人均城市建设用地指标"和"允许调整幅度"两个控制因素。"允许采用的规划人均城市建设用地指标"规定了在不同气候区中不同现状人均城市建设用地指标城市可采用的取值上下限区间，"允许调整幅度"规定了不同规模城市的规划人均城市建设用地指标比现状人均城市建设用地指标增加或减少的可取数值。

允许调整幅度总体控制在-25～+20.0 m²/人范围内，未来人均城市建设用地除少数新建城市外，大多数城市只能有限度地增减。具体确定调整幅度时，应本着节约集约用地和保障、改善民生的原则，根据各城市具体条件优化调整用地结构，在规定幅度内综合各因素合理增减，不能盲目选取极限幅度。

新建城市即新开发城市，应保证按合理的用地标准进行建设。新建城市的规划人均城市建设用地指标应在95.1～105.0 m²/人内确定，如果该城市不能满足前述指标要求时，也可以在85.1～95.0 m²/人内确定。

表 4-11　规划人均城市建设用地指标　　　　　　　　　　　　　　单位：m²/人

气候区	现状人均城市建设用地指标	允许采用的规划人均城市建设用地指标	允许调整幅度		
			规划人口规模≤20.0万人	规划人口规模20.1万~50.0万人	规划人口规模>50.0万人
Ⅰ、Ⅱ、Ⅵ、Ⅶ	≤65.0	65.0~85.0	>0.0	>0.0	>0.0
	65.1~75.0	65.0~95.0	+0.1~+20.0	+0.1~+20.0	+0.1~+20.0
	75.1~85.0	75.0~105.0	+0.1~+20.0	+0.1~+20.0	+0.1~+15.0
	85.1~95.0	80.0~110.0	+0.1~+20.0	-5.0~+20.0	-5.0~+15.0
	95.1~105.0	90.0~110.0	-5.0~+15.0	-10.0~+15.0	-10.0~+10.0
	105.1~115.0	95.0~115.0	-10.0~-0.1	-15.0~-0.1	-20.0~-0.1
	>115.0	≤115.0	<0.0	<0.0	<0.0
Ⅲ、Ⅳ、Ⅴ	≤65.0	65.0~85.0	>0.0	>0.0	>0.0
	65.1~75.0	65.0~95.0	+0.1~+20.0	+0.1~+20.0	+0.1~+20.0
	75.1~85.0	75.0~105.0	+0.1~+20.0	+0.1~+20.0	+0.1~+15.0
	85.1~95.0	80.0~110.0	+0.1~+20.0	-5.0~+20.0	-5.0~+15.0
	95.1~105.0	90.0~110.0	-5.0~+15.0	-10.0~+15.0	-10.0~+10.0
	105.1~115.0	95.0~115.0	-10.0~-0.1	-15.0~-0.1	-20.0~-0.1
	>115.0	≤115.0	<0.0	<0.0	<0.0

注：气候区应符合《建筑气候区划标准（GB 50178—93）》的规定，具体应按中国建筑气候区划图执行依据节约集约用地的原则，将位于Ⅰ、Ⅱ、Ⅵ、Ⅶ气候区的城市规划人均城市建设用地指标的上下限幅度定为 65.0~115.0 m²/人，将位于Ⅲ、Ⅳ、Ⅴ气候区的城市规划人均城市建设用地指标的上下限幅度定为 65.0~110.0 m²/人。

首都鉴于其行政管理、对外交往、科研文化等功能较突出，所需用地较多，因此首都的规划人均城市建设用地指标应适当放宽至 105.1~115.0 m²/人。

我国幅员辽阔，城市之间的差异性大。边远地区、少数民族地区中不少城市，地多人少，经济水平低；而一些山地城市，地少人多；还存在个别特殊原因的城市，如人口较少的工矿及工业基地、风景旅游城市等。这些城市可根据实际情况，本着"合理用地、节约用地、保证用地"的原则，专门论证确定规划人均城市建设用地指标，且上限不得大于 150 m²/人。

②镇人均建设用地指标。镇人均建设用地指标按照《镇规划标准》（GB 50188—2007）中对规划人均建设用地指标的相关规定确定。人均建设用地指标按下表的规定分为四级（见表 4-12）。

表 4-12　人均建设用地指标分级　　　　　　　　　　　　　　　　单位：m²/人

级别	一	二	三	四
人均建设用地指标	>60~≤80	>80~≤100	>100~≤120	>120~≤140

新建镇区的规划人均建设用地指标应按上表中第二级确定；当地处《建筑气候区划标准（GB 50178—93）》的Ⅰ、Ⅶ建筑气候区时，可按第三级确定；各建筑气候区内的新建镇区均不允许采用第一、四级人均建设用地指标。

现有镇区的规划人均建设用地指标应在现状人均建设用地指标的基础上，按表4-13规定的幅度进行调整。第四级用地指标可用于Ⅰ、Ⅶ建筑气候区的现有镇区。

表4-13 规划人均建设用地指标　　　　　　　　　　　　　　　　　单位：m²/人

现状人均建设用地指标	规划调整幅度
≤60	+0~+15
60~80	+0~+10
80~100	−10~+10
100~120	−0~−10
120~140	−0~−15
>140	减至140以内

注：规划调整幅度是指规划人均建设用地指标对现状人均建设用地指标的增减数值地多人少的边远地区的镇区，可根据所在省、自治区人民政府规定的建设用地指标确定。

3. 以人定地建设用地规模

中心城区、县城、建制镇以人定地建设用地规模是各自规划预测人口规模与相应人均建设用地指标的乘积。

以人定地建设用地规模是中心城区、县城、建制镇以人定地建设用地规模的总和。

（二）以产定地

1. 以产定地概念

"以产定地"是依据城市规划中运用城镇人口规模来预测城镇化发展规模及基础设施建设和配置的产业发展用地预测方法。一些城市在规避城市发展规律的基础上，打着"超常规""跨越式"发展的旗号，无限度地放大城市新区在未来发展的可能性，试图通过各类规划包装新区，大搞城市新区建设，大规模圈占土地，以达到吸引投资的目的，致使一些城市建设用地日益紧张。因此，必须充分理解规模经济理念，遵循产业空间发展规律，认真分析超常规跨越式发展的可能性，科学规划，合理进行新城建设，方可保证城市空间结构的健康发展和土地资源的集约节约利用。

"以产定地"是指依据县域产业发展需求预测地区产业建设用地规模的方法，它通过对地区产业类别、产业规模、投入产出分析判断，根据各类产业发展的用地规模和用地结构规律，确定各类产业发展用地规模，参照产业用地定额指标或构建数理统计模型，从而确定地区产业用地规模。探索以产定地方法，强化地区产业空间管控，严格产业用地边界管理，对于构建产业用地管理新机制具有重大意义，对于指导各地区科学预测并明确产业发展规模具有重大现实意义。

2. 传统以产定地方法回顾

（1）传统以产定地方法。常见的区域产业用地规模预测方法可归纳为以下两种：一是套用传统的城市建设规模的预测方法，如回归分析、指数平滑、灰色模型、MGM-Markov模型、元胞自动机模型、BP神经网络模型、非线性动力学、多智能体等，或者基于不同时期影像资料，通过计算机仿真、人工智能等复杂系统理论进行模拟预测；二是采用经验方法、多方案比较法、综合权衡法等根据地区产业往年的建设用地规模资料，总结其变化规律，以此来预测其未来用地发展规模的方法。这两种预测方法在预测区域产业用地规模过程中发挥了一定的作用，但均忽视了工业建设用地增长"突变点"的特征，是一种对产业用地的粗放趋势型预测方法。

①产业用地效益法。针对以产定地问题，较为常用的是产业用地效益法。它通过产业增加值和地均产出确定产业建设用地规模，常用于预测地区产业建设用地规模。以产定地关键是科学确定合理的地均产出，地均产出分存量用地、增量用地两部分。存量用地基本沿用现状地均产出；增量用地依据地方现状地均产出、周边省区同类产业地均产出、全国地均产出平均水平等，针对增量产业用地制定差异化的地均产出指标。综合考虑地方GDP增速、工业增速、现状产业增速、地区产业用地占比等因素，应用历年工业增加值和地区产业用地增加值作为基础数据（应收集不少于规划年限的多个年份数据），通过建立历史推演模型，预测得出规划期末工业增加值、地区产业用地占比。行业增加值与增量用地地均产出的比值为地区产业增量用地，增量用地与现状用地之和为地区产业建设用地规模。计算公式为：

$$G_k = G_{1,k} + \frac{V_k - V_{1,k}}{E_{2,k}}$$

式中：G_k——地区 k 类产业用地规模，单位为公顷（hm^2）；

$G_{1,k}$——地区 k 类产业存量用地规模，单位为公顷（hm^2）；

V_k——预测期 k 类产业增加值的目标值，单位为亿元；

$V_{1,k}$——预测期 h 类产业存量用地增加值，单位为亿元；

$E_{2,k}$——预测期 k 类产业增量用地地均产出，单位为亿元；

K——产业类别，按《国民经济行业分类》（GB/T 4754—2017）。

②统计方法预测法。回归分析法是一种常用的数量分析法，它被广泛地应用于分析多要素之间的统计关系，主要考虑各个变量之间在数量上的变化规律，并且以回归方程的形式反映和描述这种关系，让人们能够把握变量受一个或是若干个变量影响的程度，继而能为预测和控制提供科学的依据。根据回归模型确定地区产业用地规模，应遵循如下技术流程：

a. 通过地区产业用地调查、土地集约利用程度评价和用地潜力测算，综合反映地区产业土地集约利用程度，并测度可挖潜的低效用地面积；

b. 梳理影响产业用地的因素，并选取各因素观测指标，构建合适的计量模型描述产业用地发展变化及趋势，利用观测指标历史数据拟合模型参数；

c. 采用趋势外推法预测产业用地模型中各指标预测期目标值，参考与定位类型相似的其他地区产业发展状况以及地区存量用地发展潜力，拟定弹性指标区间，将各指标目标值

代入产业用地预测模型,计算多种预测期产业用地规模;

d. 在规划部门测算出产业用地规模后,应联合各政府部门、有关单位、企业共同召开评审会,由各代表站在自己部门利益诉求的立场上,对可能的几种产业用地发展规模进行打分,通过最终得分来确定各类产业用地的规模。产业用地规模预测值与现状值之差即为产业发展新增用地规模。

建立产业用地与经济发展之间的关系,依据经济发展目标反推产业用地规模。预测模型如下:

$$G_k = \beta_{0,k} + \sum_{m=1}^{m} \beta_{m,k} X_{m,k}$$

式中:G_k——地区 k 类产业用地规模,单位为公顷(hm^2);

$X_{m,k}$——影响地区 k 类产业用地规模的经济指标;

β——待估参数;

m——影响 k 类产业用地规模的指标个数。

(2) 传统产业用地预测方法存在的问题。传统产业用地规模预测模型根据城市目前的发展现状和以往的发展趋势,通过建立城市产业用地规模与其他相关因素之间数学模型,将历史数据进行拟合后依据模型趋势外推。这类采用数学模型外推的方法只关注了定量研究,其理念基础就是只要给定经济发展增速,便可预测用地指标,是粗放趋势型预测方法,在土地资源稀缺的硬性约束下,特别是在规模经济和好大喜功理念的误导下,城市发展规划规模大多脱离建设实际,甚至出现空城、鬼城现象。不符合国家国土空间集约利用要求,未遵照生态文明理念指引经济发展,必然导致预测的结果缺少科学性。因此,在国土资源节约集约利用时期,在传统的用地规模预测方法指导下制定的用地规划方案也必然缺少科学性。

①单一的增量主义逻辑。从用地发展角度来看,我国奉行的也是以土地增量发展为核心的单向发展路线。在增量主义逻辑下,城市发展对土地资源的攫取已经超过了其能承受的范围,以土地增量扩张为主的发展方式将会阻碍城市的可持续发展。而传统的用地规模预测方法也恰好体现了这种增量主义思维,从需求角度考虑了产业用地发展的可能性,而并没有考虑在环境资源约束的条件下城市土地的供应能力。

②粗放的用地发展理念。产业用地的需求规模与其发展方式有关,在以往的粗放发展模式下,城市产业用地呈现的是一种效益低、规模大、结构不合理的不集约发展方式,这显然是与当前土地资源约束的环境与产业及用地转型发展的要求相矛盾的。而传统的预测思路与方法恰恰会将这一粗放的产业用地发展趋势应用到未来的发展中去,反而忽略了产业用地在转型发展的过程中不断转型提效的趋势,这无疑会大大降低产业用地规模预测的科学性。

③刚性的规模控制思维。用地规模控制是保证产业用地规模预测的科学性得以实现、城市产业用地规模与结构优化发展的重要环节,但是刚性的预测结果则会带来刚性的用地控制手段,严重影响了城市用地规模的科学发展。一方面,城市始终处于动态发展的过程中,特别是当城市经历转型由较低级别的经济发展阶段跨入下一个阶段时,就会出现城市的跨越式发展,其产业用地的发展规律与要求也会呈现较大的变化;另一方面,城市的发

展应有明确的目标与定位，根据自身的资源条件与发展基础来选择合适的主导产业结构，所以在土地资源稀缺性越发突出的约束下，有限的产业用地供给应该更具针对性。在这种情况下，仍然采用统一的产业用地效益来预测就会显得不够科学。

3. 以产定地新方法

科学开展以产定地工作，需掌握产业用地及可供地现状，根据产业规划目标确定地区发展产业类型及其规模、结构，并以产业项目建设用地定额为标准，依据地区规划的产业生产规模确定产业用地规模。

（1）技术路线。根据产业建设用地定额确定产业发展用地，从而确定地区产业用地规模，应遵循如下技术流程：

a. 调查产业用地现状。通过地区产业用地调查、土地集约利用程度评价和用地潜力测算，综合反映地区产业土地集约利用程度，并测度可挖潜的低效用地面积。

b. 明确产业发展规划及发展规模。依据产业规模、结构、经济效益现状和产业发展前景，结合国家、地区产业发展政策意见，制定地区发展产业规划，对地区产业结构调整、产业规模优化、优势产业新建进行整体部署；明确产业项目上下游关系及各个子项目发展规模。

c. 确定产业用地定额。参照国家、地区、行业有关规程、规范、标准等，结合地域自然条件、要素禀赋、经济发展状况等，确定不同地区、不同产业的用地定额。

d. 计算产业用地规模。遵照地区发展产业规划设计的产业规模和结构，根据产业用地定额，计算产业链各环节生产用地，加总得到产业发展用地规模。产业发展用地规模与产业现状用地中可挖潜用地面积相抵后剩余部分为产业发展新增用地。地区产业现状用地规模与产业发展新增用地之和即为预测期地区产业用地规模。

（2）地区现有产业用地土地集约利用评价。地区产业土地集约利用评价是开展"以产定地"工作的先决条件，有利于巩固产业用地清理整顿工作成果，掌握产业用地现状、集约用地水平、潜力状况，控制盲目扩张、推动低效挖潜，促进地区产业节约集约用地，为产业升级审核、动态监管及有关政策制定提供依据，提高地区产业土地集约利用和管理水平。

①技术方法：

产业用地土地集约利用评价采用定量评价与定性分析相结合、整体评价与典型分析相结合、外业踏勘与内业处理相结合的方法。

用地调查在地籍调查、土地利用变更调查、地形测绘等成果基础上，结合实地踏勘、遥感影像或航片判识、座谈、问卷调查等方式开展。

程度评价采用多因素综合评价法。其中，评价指标权重值的确定可采用德尔菲法，理想值确定可采用目标值法、经验借鉴法、专家咨询法等方法。

②产业土地集约利用程度评价体系：

参考《开发区土地集约利用评价规程》（TD/T 1029—2010，简称《规程》），产业用地土地集约利用评价体系包括产业用地土地利用状况调查、产业用地土地集约利用程度评价和产业用地土地集约利用潜力测算三个方面。

a. 产业用地土地利用状况调查：

土地利用状况调查（简称"用地调查"）是指依照规程的要求，开展地区土地集约利用状况基础调查，并对调查结果进行汇总分析的过程。用地调查是程度评价和潜力测算的基础性工作，包括土地的基本信息、用地状况、用地效益、管理绩效、土地供应状况和典型企业情况等调查工作（见表4-14）。

表4-14　区域土地利用状况调查指标

调查	调查内容
基本信息调查	产业用地名称、级别、审批类型、设立时间、审批单位、管理机构和地址、主导产业、土地面积、扩区或调整情况、经济社会发展及相关规划资料等
用地状况调查	各类建成城镇建设用地、未建成城镇建设用地和不可建设土地的位置、范围、面积、权属、用途等
用地效益调查	对评价范围内已建成城镇建设用地、工矿仓储用地和高新技术产业用地的投入产出情况及人口承载水平开展调查，包括常住人口，二、三产业税收总额，工业（物流）企业固定资产投资总额，工业（物流）企业总收入，工业（物流）企业税收总额，高新技术产业总收入和高新技术产业税收总额等
管理绩效调查	闲置土地的位置、范围、面积、使用者、用途、获得使用权时间、认定为闲置土地的时间等
典型企业情况调查	典型企业的基本情况、投入产出状况、用地状况、建设情况等
其他调查	评价工作中根据实际需要开展的其他相关调查

b. 产业用地土地集约利用程度评价：

产业用地土地集约利用程度评价（简称"程度评价"）是指在用地调查的基础上，按照产业用地土地集约利用评价指标体系，计算评价指标现状值，确定评价指标理想值，计算土地利用集约度分值，评价产业用地土地集约利用状况的过程（见表4-15）。

表4-15　地区产业土地集约利用程度评价指标体系

目标	子目标	指标	指标含义
土地利用状况	土地利用程度	土地供应率	已达到供地条件土地的供应情况
		土地建成率	已供应国有建设用地的建成状况
	用地结构状况	工业用地率	已建成城镇建设用地中工矿仓储用地
		高新技术产业用地率*	已建成城镇建设用地中高新技术产业用地的比重
	土地利用强度	综合容积率	已建成城镇建设用地的综合利用程度
		建筑密度	已建成城镇建设用地的平面利用状况
		工业用地综合容积率	工矿仓储用地的综合利用强度
		工业用地建筑系数	工矿仓储用地的平面利用状况

续表

目标	子目标	指标	指标含义
用地效益	产业用地投入产出效益	工业用地固定资产投入强度	工矿仓储用地的投入强度
		工业用地产出强度	工矿仓储用地的产出效益
		高新技术产业用地产出强度*	高新技术产业用地的产出效益
管理绩效	土地利用监管绩效	到期项目用地处置率	到期项目用地的处置情况
		闲置土地处置率	闲置土地的处置情况
	土地供应市场化程度	土地有偿使用实现率	有偿供地的实现情况
		土地招拍挂实现率	土地供应市场化的实现情况

注：* 只用于高新技术产业。

评价指标确定：产业用地土地集约利用程度评价，从土地利用状况、用地效益和管理绩效等三个方面开展，程度评价指标体系包括目标、子目标和指标三个层次。土地利用状况反映地区产业土地利用现状；用地效益反映产业工矿仓储用地、高新技术产业用地的投入和产出状况；管理绩效反映产业土地管理水平和效果。

评价指标权重确定：评价指标的权重根据评价目标、子目标、指标对地区产业用地土地集约利用的影响程度，采用特尔斐法确定权重（见表4-16）。

表4-16 产业用地土地集约利用评价指标权重区间表

目标	权重区间		子目标	权重区间	
	下限	上限		下限	上限
土地利用状况	0.45	0.50	土地利用程度	0.25	0.30
			用地结构状况	0.24	0.31
			土地利用强度	0.41	0.48
管理绩效	0.19	0.23	土地利用监管绩效	0.47	0.53
			土地供应市场化程度	0.47	0.53

评价指标理想值确定：

理想值确定原则。理想值为产业用地土地集约利用各评价指标在评价时点应达到的理想水平，应依照节约集约用地原则，在符合有关法律法规、国家和地方制定的技术标准、土地利用总体规划和城乡规划等要求的前提下，结合产业用地实际确定。理想值原则上不小于现状值。

理想值确定方法。目标值法：结合国民经济和社会发展规划、土地利用总体规划、城乡规划等相关规划，以及有关用地标准、行业政策等，在分析土地利用现状的基础上，确定指标理想值。

经验借鉴法：参考相关产业土地集约利用先进水平，确定指标理想值。

专家咨询法：选择一定数量（10~40人）熟悉城市、产业经济社会发展和土地利用状况的专家，提供相关材料，咨询确定指标理想值。

土地利用集约度分值计算：土地集约利用评价指标体系目标、子目标、综合目标的集约度分值均由各级指标的目标实现度分值加权平均计算而得。

③产业用地土地集约利用潜力测算：

产业用地土地集约利用潜力测算（简称"潜力测算"）是指在用地调查和程度评价的基础上，测算土地集约利用扩展潜力、结构潜力、强度潜力和管理潜力。

扩展潜力是指截至评价时点，评价范围内尚可供应用于建设的土地面积，包括尚可供应土地面积和尚可供应工矿仓储用地面积。

结构潜力是指评价范围内已建成城镇建设用地中，通过用地结构调整可增加的工矿仓储用地面积。

强度潜力是指在评价范围内已建成的城镇建设用地中，某项土地利用强度指标（工业用地综合容积率、工业用地建筑系数、工业用地固定资产投资强度、工业用地）现状值与相应理想值的差距换算形成的用地面积。

管理潜力是指评价范围内通过处置有偿使用且已到期但未处置土地和应回收闲置土地，可增加的土地供应面积。

（3）新增产业用地规模预测。新增产业用地规模的预测，通过综合分析区域资源禀赋及发展要素条件，制定地区产业发展规划，明确地区产业发展规模，参照行业用地定额标准，明确需新增产业用地的规模。

①明确产业发展规模：

a. 明确产业发展规模的方法：依据现状产业规模、国家政策要求、区域要素支撑和竞争格局分析制定产业发展规划，从而明确产业发展定位、产业发展方向以及项目发展规模。产业规划是在明确区域（镇域、县域及以上）范围内，立足当地的资源与条件，充分结合国内外宏观环境及产业发展现状与趋势，综合运用各种理论分析工具，确定适合区域发展的主导产业及培育产业，并对各类产业的发展进行详细规划，理清发展次序，合理进行空间布局，形成完整的产业体系，打造强有力的产业集聚群。主要内容包括基础现状研究、宏观环境分析、发展战略、产业定位与布局、重点建设项目、政策体系等。

b. 确定产业发展规模的思想：全面深入贯彻落实科学发展观，围绕走新型工业化发展道路要求，以"特色化、集群化、生态化"为特征，优化配置区域各要素资源，根据自身实际情况选择和培育支柱产业，遵循产业发展规律，优化和调整产业结构和生产力布局，着重培育支柱产业及完善产业链条，加快形成重点产业集群。

c. 编制区域产业规划核心问题：针对区域产业现状进行优化提升发展，核心关注的问题，一是在产业优化提升的同时促进"产城融合"发展，实现区域产业和城镇或周边地区的良性互动，使基础配套设施齐全，在经济发展的同时满足民生需求；二是按照产业关联和耦合关系，加大产业之间的关联度，促进产业纵向延伸发展，开发下游产品，提高产品附加值，增强产业抗风险能力；三是按照"科学发展、布局合理、产业集聚、用地集约"的要求，与区域上位规划、相关规划衔接，科学合理规划各个产业，促进区域产业合理布局，强化产业特色。

②明确行业建设用地定额标准：

土地是有限的自然资源，是农业的基本生产资料，是各类工程项目进行建设的重要物质基础。随着经济的快速发展，我国人均资源占有量偏低、环境承载能力脆弱的资源国情"短板"凸显，节约集约利用资源被提上国家的重要议事日程。20世纪90年代，应国家计委、建设部、国家土地管理局的要求，各部门先后共编制了20余项《工程项目建设用地指标》（以下简称《用地指标》）。伴随着经济社会前进的步伐，国土资源节约集约的实践日渐丰富，各部门对原用地指标进行多次修订，并新增部分工程项目建设用地指标，土地集约利用制度建设日趋完善，目前项目与建设用地指标已涵盖有色金属工业、纺织工业、兵器工业、钢铁工业、煤炭工业、机械工业、建材工业、林产工业、核工业、化学工业、轻工业、原油及天然气工业、电子工程、通信工程、电力工程、铁路工程等方面。

a. 建设项目用地定额指标的概念：建设项目用地定额指标是指在平均的生产工艺水平、规划设计水平、经济技术水平和通常的场地条件下，一个建设项目的主体工程和配套工程所需占用的额定土地面积。

b. 建设项目用地定额指标的作用：用地定额指标，主要为计算建设项目所需用地面积、建设项目的选址、总平面设计和按合理方案征拨用地服务。它是建设项目评估、编审项目建议书、设计任务书的依据；是编审初步设计文件，确定建设项目用地规模，以及核定审批用地面积的尺度。对于检验项目的用地投资和用地计划，以及在开展项目用地选址招标、投标和征地费用包干等项工作中加强建设用地管理和监督，具有指导作用。科学的用地定额指标可以促进工艺和设计水平及生产集约化程度的提高，保证用地审批工作的质量和效率。

c. 建设项目用地定额指标的层次结构。建设项目用地定额指标一般可以分为总体和单项建设用地定额指标两个层次。

总体建设用地定额指标，指按设计任务书和初步设计文件规定的一个独立、完整项目的总平面用地定额指标，用于控制基本技术条件下不同生产规模项目的总用地规模，包括生产设施、辅助生产设施、公用工程设施、仓储运输设施、行政管理与生活服务设施用地。如矿山、电厂、钢铁厂的总用地定额指标。

单项用地定额指标，指在建设项目中有独立设计、可以独立发挥效益的各个单项工程的用地定额指标，用于控制每一项设施在基本技术条件下的用地规模。如大型企业的主要装置和分厂、民航机场的跑道等。

由于各类建设项目的具体情况不同，用地定额指标对于总体指标和单项指标分别设置调整指标。调整指标根据不同生产技术条件、设备条件、产房布置以及厂区地形地貌等调整项目总体或单项工程的建设用地规模。

建设用地定额指标的计量单位，根据工程特点确定。工业项目使用单位生产能力占地面积，交通项目（如公路、铁路）使用每千米占地面积，非工业项目使用建筑容积率和建筑密度或建筑系数。

d. 建设项目用地定额指标水平的确定：各部门在制订用地定额指标过程中，坚持科学合理、节约用地的原则，结合我国国情和现有经济技术条件、土地资源条件，总结以往制订用地定额指标正反两方面的经验，并适当考虑近期工艺技术水平提高节约用地的可能性，本着切合实际、科学合理的要求，进行调查研究和分析测定。

e. 建设项目用地定额指标在以产定地问题中的使用：开展"以产定地"工作，确定工程项目建设用地规模时，根据有关《工程项目建设用地指标》中的适用范围确定《用地指标》对于具体工程项目的参考价值；暂且默认该工程项目采用《用地指标》规定的基本技术条件，结合产业规划所设计的产业发展规模确定项目总体用地指标；同时，各项设施用地应符合《用地指标》中单项指标的要求；对于项目实际工艺技术、设备条件、厂房布置、厂区地形地貌与基本技术条件限定情况，应根据相应的调整指标修正单项设施用地规模和工程总体用地规模，最终确定地区产业工程项目建设用地规模。

二、其他建设空间规模预测

其他建设空间规模的预测结合国民经济和社会发展规划、土地利用总体规划以及交通、水利、旅游等专项规划综合确定（见表4-17）。

表4-17 其他建设空间规模预测表　　　　　　　　　　　　单位：%

其他建设空间	预测途径
区域基础设施用地	结合国民经济和社会发展规划及区域基础设施专项规划综合确定
农村建设用地	结合土地利用总体规划及镇村体系规划综合确定
风景名胜设施和特殊用地	结合风景名胜区规划、旅游专项规划及特殊用地规划综合确定
其他建设用地	结合土地利用总体规划及相关专项规划综合确定

第五节　国土开发强度测算

一、国土开发强度测算的方法

（一）建设用地节约集约利用评价

建设用地节约集约利用评价的直接作用是有助于摸清评价对象建设用地利用情况，是进行国土开发强度测算的首要步骤和前置性研究。建设用地节约集约利用评价成果本身作为一个基础评价研究，并不能指导国土开发强度的科学测算，但是通过评价成果的分析和应用，为国土开发强度管控指标的制定服务，进而达到合理确定国土开发强度的目的。

通过分析不同区域不同城市建设用地节约集约利用评价的结果，可以将全国划分为多个国土开发强度控制区（类似建筑气候区划），分区制定符合各区建设用地利用现状实际概况和未来发展需求的国土开发强度测算要求；同时，基于各市县现状建设用地集约利用程度，按照过度利用、集约利用、中度利用、低度利用的不同水平，提出相应的建设用地扩张模式，制定有利经济社会生态协调发展的国土开发强度管控指标。

（二）建设空间规模预测

建设空间规模预测包含城镇建设空间以及其他建设空间的规模预测。其中，其他建设空间包含区域基础设施用地、农村建设用地、风景名胜设施和特殊用地、其他建设用地等。鉴于其他建设空间的建设用地规模一般结合国民经济和社会发展规划、土地利用总体规划以及交通、水利、旅游等专项规划综合确定，因此建设空间规模预测的核心内容是城镇建设空间规模预测。

"以人定地"是城镇规划常用且较为成熟的预测方法，该方法预测准确性取决于两个方面，一是科学预测人口规模，二是合理选取人均建设用地指标。人口预测方法和人均建设用地指标确定方法，目前研究较多且研究理论相对成熟完善。但存在一些问题：首先，大多数城镇基础数据真实性、完整性、连续性较差，加之实际中"以地定人"求取建设用地指标，导致人口预测结果准确性较低；其次，人均建设用地指标选取时考虑了建筑气候区划、人口规模、现状人均建设用地指标等"量"因素，却忽略了现状建设用地利用集约程度等"质"因素，形成了一系列土地低效开发扩张的普遍现象；最后，某些旅游型、工矿型城镇由于城镇职能的特殊性，"以人定地"或者导致建设用地预测规模过小不能满足发展需求，或者导致人口规模预测过大浪费基础设施和社会成本。

因此，提高建设空间规模预测的准确性需要：第一，建立上至全国下至乡镇的常住人口数据库，并逐年更新；第二，注重现状建设用地潜力测算研究，适当结合建设用地适宜性评价，将建设用地挖潜和建设用地扩展作为一个整体考虑；第三，将"以产定地"引入建设空间预测，"以产定地"与"以人定地"相结合。

（三）国土开发强度测算

国土空间规划将国土空间划分为城镇空间、农业空间、生态空间三类空间，空间规划开发强度测算除区域开发强度测算外，还应对城镇空间开发强度、农业空间开发强度、生态空间开发强度进行分别测算（见表4-18）。

表4-18 国土开发强度测算表　　　　　　　　　　　　　单位：%

测算对象	测算方法
区域开发强度	区域开发强度=建设空间总规模/区域总面积×100
城镇空间开发强度	城镇空间开发强度=城镇空间建设用地规模/城镇空间总面积×100
农业空间开发强度	农业空间开发强度=农业空间建设用地规模/农业空间总面积×100
生态空间开发强度	生态空间开发强度=生态空间建设用地规模/生态空间总面积×100

二、确定国土开发强度的建议

（一）因地制宜确定开发强度管控指标

国土开发强度管控指标（即国土开发强度"天花板"）设置的最终目的是控制建设用地总量。按照国际惯例，国土开发宜居线和警戒线分别为20%和30%，国际上公认30%是一国或一个地区国土开发强度的极限，超过该限度，人的生存环境就会受到影响。《全国城市区域建设用地节约集约利用评价情况通报》显示，上海的国土开发强度已经达到36.89%，天津达到34.77%，深圳、厦门、东莞等城市高于25%，已经超过国土开发强度宜居线和警戒线，但城市建设和人居环境质量居于全国前列。因此，基于我国是人口大国的国情，加之各地自然、社会、经济条件不同，"天花板"设置不应遵循统一标准，应优先划定生态保护红线和永久基本农田红线等保护底线，从区域到市县明确需要控制的结构性水系和绿地，结合市县发展阶段需求，确定一定时期的合理国土开发强度，避免指标设置过高浪费国土资源、指标过低阻碍市县发展。

（二）提质增效强化国土开发强度指标落实

国土开发强度作为控制建设用地总量的相对指标，在控制建设空间规模总量方面具有一定的积极意义，同时国土空间的管控还应强化国土开发利用的高效性，提质增效，从"量"和"效"两个方面进行综合确定。"量"即控制建设用地总量，"效"即提升土地利用效率。确定国土开发强度指标应以建设用地节约集约利用评价结果作为参考，针对现状建设用地开发低效、造成土地资源浪费的市县，需要进一步分析其建设用地内部构成和产出效益，强化"总量控制、效率优先、量效共抓"，开展产业用地的单位土地面积产出评价，制定行业用地地均产出效益门槛，加强对低效土地的再开发以及对闲置土地的征收或废弃地的再利用，提升国土开发强度指标的科学性，提高在国土开发强度指标控制下的建设用地利用效率。

（三）循序渐进实现国土资源开发集约利用

《国家新型城镇化规划（2014—2020年）》实施以来，国家持续推进"以人的城镇化为核心，有序推进农业转移人口市民化"，2014年国务院印发《国务院关于进一步推进户籍制度改革的意见》，2016年国务院印发《国务院关于深入推进新型城镇化建设的若干意见》（国发〔2016〕8号），2016年国务院办公厅印发《推动1亿非户籍人口在城市落户方案》，意味着全国目前的城镇规模仍将进一步扩大，而在"国土开发强度不超过4.62%"这一设定"天花板"的前提下，国土开发利用需要愈加注重建设空间内部建设用地结构的优化。对于村庄建设用地，需要控制建设用地的增加甚至加快推进农村土地流转，对于城镇建设用地，需要定期对城镇建设用地利用效率进行评估，对利用效率高的地区适当增加下一周期的建设用地指标，反之，对利用效率低的地区减少建设用地指标，循序渐进实现整体国土开发的集约利用。

参考文献

[1] 王璐瑶. 国土空间功能"双评价"及分区优化研究 [M]. 北京：中国经济出版社，2022.

[2] 华晨，王纪武，李咏华，等. 国土空间整治 [M]. 杭州：浙江大学出版社，2022.

[3] 刘大海，李彦平. 国土空间规划陆海统筹理论与实践 [M]. 北京：科学出版社，2022.

[4] 程茂吉，陶修华. 市县国土空间总体规划 [M]. 南京：东南大学出版社，2022.

[5] 黄焕春，贾琦，朱柏葳，等. 国土空间规划 GIS 技术应用教程 [M]. 南京：东南大学出版社，2021.

[6] 郑贵洲. 空间统计理论与方法 [M]. 北京：电子工业出版社，2022.

[7] 汪劲柏. 政府驱动型空间开发的中国实践 [M]. 北京：中国建筑工业出版社，2021.

[8] 黄经南，李刚翊. 国土空间规划技术操作指南 [M]. 武汉：武汉大学出版社，2022.

[9] 周就猫，邓京虎，党迎春. 大数据时代"智慧国土空间规划"理论与实务研究 [M]. 北京：中国华侨出版社，2021.

[10] 刘建敏. 全面发展视域下新时代国土空间规划研究 [M]. 北京：中国华侨出版社，2021.

[11] 王静，等. 走向可持续生态系统管理的国土空间规划：理论方法与实践 [M]. 北京：科学出版社，2022.

[12] 黄玫. 基于治理和博弈视角的国土空间规划权作用形成机制研究 [M]. 北京：中国建筑工业出版社，2021.

[13] 魏凌，张杨. 国土空间规划探讨与应用 [M]. 北京：中国大地出版社，2020.

[14] 温锋华，沈体雁，崔娜娜. 村庄规划 村域国土空间规划原理 [M]. 北京：经济日报出版社，2020.

[15] 张国彪. 中国特色空间规划的基础分析与转型逻辑 [M]. 北京：中国建筑工业出版社，2020.

[16] 任雪冰. 城市规划与设计 [M]. 北京：中国建材工业出版社，2019.

[17] 郝庆，孟旭光，刘天科. 国土综合整治研究 [M]. 北京：科学出版社，2018.

[18] 吴殿廷，宋金平，陈光. 区域规划概论 [M]. 北京：科学出版社，2018.

[19] 韩贵锋，孙忠伟. 城乡规划 GIS 空间分析方法 [M]. 北京：科学出版社，2018.